한국사
뛰어넘기
4

열다 지식을 열면, 지혜가 열립니다. 나만의 책을, 열다.

한국사 뛰어넘기 4
붕당 정치부터 **세도 정치**까지

초판 1쇄 발행 2017년 12월 15일
초판 8쇄 발행 2023년 7월 24일

글 김복미 | 그림 김도연 정인하

ⓒ 김복미 2017
ISBN 979-11-88283-17-0 (74910)
ISBN 979-11-960102-3-2 (세트)

* 저작권법에 의하여 한국 내에서 보호를 받는 저작물이므로 무단 전재와 무단 복제를 금합니다.
* 이 도서의 국립중앙도서관 출판예정도서목록(CIP)은 서지정보유통지원시스템 홈페이지(http://seoji.nl.go.kr)와
   국가자료공동목록시스템(http://www.nl.go.kr/kolisnet)에서 이용하실 수 있습니다. (CIP제어번호 : CIP2017026788)
* 책값은 뒤표지에 있습니다.
* 잘못 만들어진 책은 구입하신 곳에서 바꾸어 드립니다.

발행처 주식회사 스푼북 | 발행인 박상희 | 출판신고 2016년 11월 15일 제2017-000267호
제조국 대한민국 | 주소 (03993) 서울시 마포구 월드컵북로 6길 88-7 ky21 빌딩 2층
전화 02-6357-0050(편집) 02-6357-0051(마케팅)
팩스 02-6357-0052 | 전자우편 book@spoonbook.co.kr
*10세 이상 어린이 제품

제품명 한국사 뛰어넘기 4	제조자명 주식회사 스푼북	제조국명 대한민국
전화번호 02-6357-0050	주소 서울시 마포구 월드컵북로 6길 88-7 ky21빌딩 2층
제조년월 2023년 7월 24일	사용연령 10세 이상

※ KC마크는 이 제품이 공통안전기준에 적합하였음을 의미합니다.

⚠ 주 의
아이들이 모서리에 다치지 않게 주의하세요.

4

붕당 정치부터 세도 정치까지

한국사 뛰어넘기

글 김복미 · 그림 김도연 정인하

열다

새로운 변화의 시대를 맞은 조선

지금부터 임진왜란과 병자호란 이후의 조선으로 역사 여행을 떠날 거야. 이 두 차례의 큰 전쟁 이후의 시기를 가리켜 조선 후기라고 부른단다. 앞서 3권에서 살펴보았듯이, 두 번의 큰 전쟁을 겪으면서 조선은 엄청난 피해를 입었어. 지난 200년 동안 소중히 가꿔 온 조선의 많은 것들이 한순간에 무너져 버린 위기 상황이었지. 역사의 위기 때마다 강인한 의지와 노력으로 위기를 극복해 온 우리 민족의 저력은 이번에도 여지없이 발휘되었어.

백성들은 전쟁으로 폐허가 된 땅을 다시 일구고, 새로운 농업 기술을 발전시켜 나갔어. 덕분에 농업 생산량이 늘어나면서 덩달아 상업 활동도 활발해졌지. 서민들은 사회 현실의 문제점을 비판하는 목소리를 내고 자신들만의 문화와 예술을 꽃피우는 주역으로 성장해 갔어.

또한 경제적으로 부유한 평민들이 늘어나고 몰락하는 양반들도 생겨나면서 조선의 신분 제도가 뿌리째 흔들렸고, 평등 사회로 나아가는 새로운 기운이 꿈틀거리고 있었지. 조선 후기의 경제와 사회, 문화에서 새로운

변화와 발전의 씨앗이 싹트고 있었던 거야.

그런데 조선 후기의 정치는 안타깝게도 낡은 틀에 갇혀 새로운 변화의 움직임을 제대로 받아들이지 못한 채 오히려 역사의 변화를 가로막는 역할을 했어. 영조와 정조를 비롯하여 조선의 정치를 개혁하기 위한 여러 갈래의 노력이 있었지만 정치의 뿌리 깊은 문제점을 근본적으로 해결하지 못했어. 19세기에는 권력을 틀어쥔 몇몇 가문이 나랏일을 쥐락펴락하는 가운데 지배층의 수탈과 부패가 극에 달했지.

4권에서는 조선 후기에 일어난 다양한 변화의 모습을 생생한 이야깃거리와 함께 들려줄 거야. 우리 역사의 밝은 모습뿐 아니라 어두운 모습도 있는 그대로 바라보고 이해하려는 진실한 태도가 중요하단다. 역사의 어두운 면을 통해서도 보다 나은 미래를 위해 의미 있는 역사적 교훈을 끌어낼 수 있을 거야.

자, 그럼 조선 후기 역사의 현장으로 함께 떠나 보기로 하자.

김복미

차례

❶ 간도와 독도는 조선의 영토 · 08
그것도 알고 싶다 **독도의 가치 제대로 알기**

❷ 갈수록 심해지는 붕당 간의 대립 · 22
만화로 보는 인물 이야기 **대동법을 이끌어 낸 대쪽 선비 김육**

❸ 영조와 정조의 개혁 · 36
인물 집중 탐구 **백성을 으뜸으로 여긴 군주, 정조**

❹ 실학자들이 꿈꾼 세상 · 50
조선 최고의 과학 수사관 정약용 **신중하고 또 신중하라!**

❺ 달라지는 경제생활 · 64
인물 인터뷰 **굶주린 백성을 살린 김만덕**

6 흔들리는 신분 제도 • 78

그것도 알고 싶다 **조선 후기 여성들은 어떻게 살았을까?**

7 서민들이 가꾼 새로운 문화 • 94

미술관 견학 **김홍도와 신윤복의 풍속화**

8 조선 문화의 꽃이 피다 • 108

집중 탐구 **조선 시대 기록 문화의 꽃, 조선 왕조 의궤**

9 세도 정치로 곪아 가는 조선 • 122

인물 인터뷰 **"암행어사 출또야!"**

10 새 세상을 꿈꾼 서학과 동학 • 136

답사 여행 **천주교와 동학의 유적지**

1712년
백두산정계비를 세우다

1720년
붕당 대립이 극에 달한
가운데 숙종 사망하다

1776년
정조 즉위하다

1789년
실학자인 정약용이
관직에 진출하다

1794년
서용보가 고구마의
중요성을 알리는 글을
정조에게 올리다

1801년
순조, 관청에 딸려 있는
노비를 해방하다

1805년
신윤복, 〈처네 쓴 여인〉 그리다

간도와 독도는 조선의 영토 ①

조선 후기에 안용복은 독도가 우리 영토임을 일본에 확실하게 알려 줬어. 이때 일본은 독도가 자기네 땅이라고 우기다가 결국 조선의 땅임을 인정했단다. 그런데도 일본은 과거 역사를 부정하고 독도를 여전히 자기네 땅이라며 억지를 부리고 있지. 그래서 조선 후기에 독도를 지켜 낸 역사를 들려주려고 해. 일본의 주장에 맞서려면 독도가 왜 우리 땅인지 잘 알고 있어야 하거든. 그리고 청나라와 분쟁이 일어난 간도에 대해서도 함께 살펴보자꾸나.

1861년
김정호,
〈대동여지도〉를 만들다

1862년
진주에서
농민 봉기가 일어나다

1864년
동학을 창시한 최제우,
처형되다

우리 역사 속의 울릉도와 독도

　우리 역사에는 울릉도와 독도에 대한 기록이 많아. 독도에 대한 우리나라 최초의 기록은 김부식이 쓴 《삼국사기》에서 찾아볼 수 있어. 《삼국사기》에 따르면, 신라 지증왕 13년(512년)에 신라 장군 이사부가 우산국을 정복했다고 해. 당시 우산국은 울릉도와 독도를 지배한 작은 왕국이었고, 독도는 우산도라고 불렸대.

　"우산국 사람들이 신라 내륙까지 들어와 마구 노략질을 하고 있다. 우산국 사람들은 어리석고 성질이 사나우니 계략을 써서 복종시키는 수밖에 없다."

　이렇게 해서 이사부 장군이 짜낸 계략은 나무로 가짜 사자를 많이 만들어 우산국 사람들을 위협하는 것이었어. 이사부 장군은 나무 사자를 배에 나누어 싣고 우산국 해안에 이르러 말했어.

　"너희가 항복하지 않으면 이 맹수들을 풀어 놓겠다."

　우산국 사람들은 나무 사자가 진짜 사자인 줄 알고 두려워하며 바로 항복했지.

"저렇게 많은 사자 무리를 본 적이 없다. 사자 밥이 되느니 항복하는 게 낫겠다."

이때부터 우산국은 해마다 신라에 토산물을 바쳤다고 해.

고려 시대와 조선 시대에도 울릉도와 독도에 대한 기록이 많아. 대표적인 것으로 조선의 《세종실록지리지》를 들 수 있어. 여기에는 울릉도와 독도가 우리 영토이며, 강원도 울진현에 속한 두 섬이라는 사실이 기록되어 있어.

"우산(독도)와 무릉(울릉도) 두 섬은 울진현의 정동쪽 바다에 있다. 두 섬은 서로 멀리 떨어져 있지 않아 날씨가 맑으면 서로 바라볼 수 있다. 신라 때에는 우산국 또는 울릉도라 불렀다."

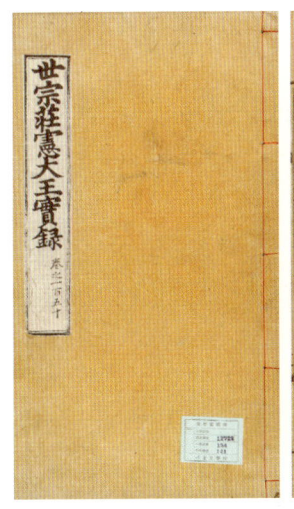 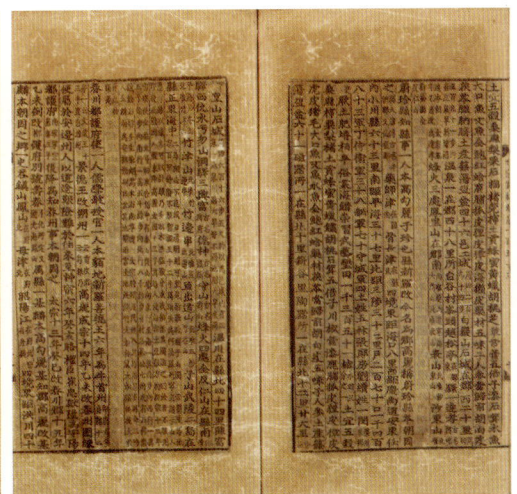 

1454년에 만들어진 《세종실록지리지》(왼쪽과 가운데)에는 우산과 무릉이 기록되어 있고, 1530년에 완성된 《신증동국여지승람》의 〈팔도총도〉(오른쪽)에는 두 섬이 표시된 지도가 실려 있어.

이 기록에 나온 것처럼 울릉도에서 독도가 보인다는 사실은 아주 중요해. 실제로 독도는 울릉도에서 동남쪽으로 87.4킬로미터 떨어져 있어. 독도에서 제일 가까운 일본 영토는 오키 섬(오키시마)인데, 이곳은 독도에서 북서쪽으로 157.5킬로미터나 떨어져 있어. 일본 오키 섬보다 울릉도와의 거리가 훨씬 더 가깝다는 걸 알 수 있지.

《신증동국여지승람》에도 무릉이라고도 하고 우릉이라고도 하는 두 섬이 강원도 울진현의 정동쪽 바다에 있다는 기록이 나와. 울릉도와 독도가 조선의 영토임을 분명히 밝힌 것이지.

울릉도와 독도를 지킨 안용복

안용복은 두 차례에 걸쳐 일본에 건너가 울릉도와 독도가 조선의 영토임을 주장한 인물이란다. 조선 숙종 때인 1650년경에 태어났고, 전투선의 노를 젓는 수군이자 어부였어. 안용복은 일본과의 무역 거래를 위해 동래에 설치한 왜관에서 일본어를 익혔다고 해.

1693년 3월, 안용복은 40여 명의 어부들과 함께 울릉도로 고기잡이를 하러 갔다가 일본 어부들이 몰래 들어와 고기잡이를 하는 것을 보고 거세게 항의했어.

"울릉도와 독도는 조선 땅인데 왜 당신들이 마음대로 들어와 고기를 잡는가?"

옥신각신 다툼 끝에 안용복과 동료 박어둔은 그만 일본 어부들에게 사로잡혀 일본 오키 섬으로 끌려갔어. 그곳의 관리에게 안용복은 당당하게

왜관
조선 시대에 일본인의 외교와 무역을 위해 설치한 장소란다. 동래에 설치한 왜관이 대표적이야.

항의했어.

"울릉도와 독도는 옛날부터 조선의 땅이다. 조선 영토에 조선 사람이 갔는데 왜 나를 납치했느냐? 잘못을 저지른 건 내가 아니라 틈만 나면 남의 땅에 침입한 당신들이다."

일본 관리는 안용복과 박어둔을 조사한 뒤 조선으로 돌려보냈어. 하지만 안용복과 박어둔은 조선 조정의 허가 없이 국경을 넘은 죄로 곤장을 맞고 옥살이를 했어.

그 뒤 울릉도와 독도를 둘러싼 조선과 일본 사이의 외교적 마찰이 시작되었어. 일본은 울릉도와 독도가 자기네 땅이라고 우겼어.

"조선 정부에서 조선인들이 울릉도에 못 가게 막아 주시오."

조선 정부는 강력하게 항의했지.

"울릉도와 독도는 명백히 조선 땅이오. 오히려 일본이 남의 영토에 드나드는 무례함을 저지르고 있소."

조선의 강력한 항의에 일본은 울릉도와 독도가 일본 영토에 속하는지 조사하기 시작했고, 1695년 12월 울릉도와 독도가 일본 영토가 아니라는 결론을 내렸어. 그리고 1696년 1월 일본은 일본 어부들이 울릉도와 독도로 건너가는 것을 금지했어.

부산에 있는 안용복 동상

그러나 일본 어부들은 여전히 울릉도, 독도에 와서 고기를 잡았어. 1696년 봄 안용복은 어부들과 함께 만반의 준비를 하고 다시 울릉도로 들어갔어.

"일본 어부들이 울릉도와 독도에 와서 계속 고기잡이를 한다니 그대로 둬서는 안 돼. 이들이 우리 땅에 다시는 얼씬거리지 못하게 막아야 해."

안용복은 울릉도에서 고기잡이를 하던 일본 어부들을 만나자 크게 꾸짖어 쫓아내고 그길로 일본 오키 섬으로 갔어. 안용복은 미리 준비해 간 관복을 입고 오키 섬 관리들 앞에서 〈조선팔도지도〉를 보여 주며 항의했지.

"이 지도에도 울릉도와 독도가 조선 땅이라 나와 있단 말이요! 계속해서 일본 어부들이 우리 땅에 들어와 고기잡이를 하는데 조선의 관리로서 일본 정부에 직접 책임을 묻겠소."

이 사실을 보고받은 일본 정부는 안용복 일행을 추방했어. 하지만 귀국한 안용복은 거짓 관리 행세를 하고 국경을 넘은 죄로 사형 선고를 받고 말았어.

"안용복 덕분에 울릉도와 독도가 우리 땅임을 일본에 확실히 알렸으니 그 공을 높이 인정해 주셔야 합니다."

이렇게 주장한 몇몇 신하들 덕분에 안용복은 간신히 사형을 면하고 귀양을 가게 됐어. 그 이후의 행적은 알려져 있지 않아.

1699년에 일본은 외교 문서를 통해 울릉도가 조선 영토임을 공식 확인했어. 안용복의 활약 덕분에 울릉도와 독도가 조선의 영토임이 일본에 분명히 알려진 거야. 학식이 뛰어난 양반도, 정치인도 아닌 평범한 사람이 목숨을 걸고 이뤄 낸 성과였지. 신분은 낮아도 영웅 못지않은 용기와 나라 사랑하는 마음을 가진 안용복, 정말 대단하지?

백두산정계비 - '간도는 조선의 영토'

간도가 어디인지 알고 있니? 간도는 압록강과 쑹화 강의 상류 지방인 백두산 일대와 두만강 북부 지역이야. 현재 중국 지린 성 동남부 지역을 가리키지. 간도는 고구려와 발해의 옛 땅이야. 이 일대에는 여진족이 흩어져 살았어. 그러다가 16세기 말 여진족은 흩어져 있던 여러 부족을 통일하고 중국 명나라를 정복해 중국 전체를 차지했어. 그리고 나라 이름을 청으로 바꾸었지.

청나라는 자신들의 뿌리가 되는 간도 지방을 상당히 중요하게 생각했어. 그런데 당시 간도 지방에는 조선 사람들이 많이 정착해서 살고 있었

백두산정계비는 조선과 청나라의 국경을 표시한 경계비인데 토문강의 위치 때문에 문제가 되었지.

오른쪽 사진은 백두산정계비 내용을 종이에 그대로 떠 놓은 탁본이야.

어. 그러다 보니 조선과 청나라는 두 나라의 국경을 확실히 해 둘 필요가 생겼단다.

조선 숙종 때인 1712년, 두 나라 관리들이 백두산 일대를 직접 찾아가 둘러보고 국경선을 결정했어. 그 내용을 비에 새겨 백두산 천지 근처에 세웠는데, 그 비가 바로 백두산정계비야. 정계비에는 이런 내용이 새겨져 있어.

"서쪽으로는 압록강, 동쪽으로는 토문강을 조선과 청나라의 경계로 삼는다. 그러므로 분수령 위에 돌에 새겨 기록으로 남긴다."

그런데 조선과 청나라의 경계를 정하기 위해 세운 백두산정계비가 오히려 간도를 둘러싼 영토 분쟁의 씨앗이 되었어. 문제가 된 건 동쪽의 경계로 삼은 토문강의 위치였어. 간도가 조선과 청나라 중 어느 나라의 영토인지는 결국 토문강의 위치에 달려 있었어.

청나라는 토문강이 두만강의 다른 이름이므로 간도가 자기네 영토라고 주장했어. 하지만 조선에서는 여러 자료를 근거로 토문강은 두만강과는 전혀 다른 강이며 만주(중국 동북 지방) 지역의 쑹화 강 상류를 흐르는 강이 분명하다고 주장했어. 따라서 토문강과 두만강 사이에 있는 간도는 당연히 조선의 영토라고 밝혔지.

19세기 후반 이 문제를 해결하기 위해 조선과 청나라 사이에 국경 회담이 열렸어. 청나라는 오만한 태도로 조선을 윽박질렀어.

"토문강은 두만강을 말하는 것이오. 따라서 간도는 청나라의 영토이므로 이곳에 들어와 살고 있는 조선인들을 철수시켜 주시오."

이 회담의 조선 측 관리인 이중하는 강하게 맞섰어.

"어찌 그런 억지를 부린단 말이오? 토문강과 두만강은 전혀 다른 강이요. 중국의 지도에도 토문강은 쑹화 강의 상류를 흐르는 강으로 되어 있소. 그러므로 간도는 틀림없는 조선의 땅이오. 조선은 조금도 양보할 수 없소. 내 머리는 자를 수 있을지언정, 우리 국토는 한 치도 줄일 수가 없

소이다."

이후 조선과 청나라는 몇 차례 국경 회담을 열었지만 간도 문제에 대해 결론을 내지 못했어.

그런데 20세기 초에 간도가 갑자기 청나라 영토가 되어 버렸어. 분통하게도 일본의 음흉한 계략 때문이었지. 1905년 을사늑약 때 우리나라 외교권을 강제로 빼앗은 일본이 청나라로부터 만주 지역의 철도 이권을 얻는 조건으로 1909년 간도를 청나라에 넘겨준 거야. 우리의 의지와는 전혀 상관없이 일본의 횡포로 간도는 청나라 영토가 되고 말았어.

세계적인 영토 분쟁 지역, 알자스로렌

독일과 프랑스의 국경이 서로 맞닿아 있는 알자스로렌 지방은 아주 오랜 영토 분쟁의 역사를 지니고 있어. 알자스로렌은 9세기부터 독일의 영토였지만, 17~18세기에 프랑스 영토가 되었어. 1870~1871년 독일과 프랑스 사이에 벌어진 전쟁에서 프랑스가 지면서 독일의 영토가 되었지. 그 후 제1차 세계 대전 때 독일의 패배로 다시 프랑스 영토가 되었어. 1940년 히틀러가 강제로 다시 독일의 영토로 삼았지만 1945년 제2차 세계 대전이 끝나면서 프랑스에게로 되돌려져 현재에 이르고 있어. 아주 복잡하지?

알자스로렌 지방이 이처럼 복잡한 갈등을 겪은 건 풍부한 자원을 차지하기 위해 프랑스와 독일 두 나라가 충돌했기 때문이야. 1950년 프랑스 외무장관 쉬망은 알자스로렌의 철광석과 이웃한 독일 루르 지방의 석탄을 공동으로 관리할 것을 독일에 제안했어. 여기에서 '유럽 석탄 철강 공동체'가 탄생하게 되었지. 이 기구는 나중에 유럽 경제 공동체, 유럽 공동체를 거쳐 오늘날의 유럽 연합(EU)으로 발전해 갔어. 알자스로렌은 오늘날의 유럽 연합이 시작된 곳이라고 할 수 있어.

알자스로렌은 국경을 초월한 국제 협력과 평화가 가능하다는 것을 보여 주는 좋은 본보기야. 알자스로렌 지방의 학교에서 독일어와 프랑스 어를 모두 가르치고 있는 것만 봐도 이 지역에 대한 독일과 프랑스, 두 나라 사이의 화해 분위기를 짐작할 수 있지.

그것도 알고 싶다

독도의 가치 제대로 알기

대한민국의 소중한 영토, 독도를 지키기 위해 우리가 할 수 있는 것은 무엇일까요? 가장 중요한 것은 독도에 대해 꾸준히 관심을 갖고 정확히 알리려고 노력하는 자세입니다. 독도에 나간 리포터를 통해 독도에 대해 자세히 알아볼까요?

진행자 독도는 어디에 있는 섬인가요?

리포터 독도는 우리나라 동쪽 끝에 위치한 화산 섬으로 동도와 서도, 그리고 89개의 크고 작은 섬들로 이루어져 있습니다. 조선 시대에는 강원도 울진현에 속했고, 현재는 경상북도 울릉군 울릉읍 독도리 1~96번지입니다.

진행자 독도라는 이름의 유래는?

리포터 독도는 시대에 따라 다양한 이름으로 불렸어요. '우산'과 '우산도'로 가장 많이 불렸고 삼봉도, 가지도 등으로 불리기도 했지요. 1900년에 들어서 '석도'라고 불렸는데, 석도를 우리말로 풀어 쓰면 돌섬이 됩니다. 돌섬을 사투리로 독섬으로 발음하곤 했는데, 이를 한자로 표기하면서 독도라고 불리게 된 거예요.

진행자 독도의 생태가 궁금해요!

리포터 독도에는 다양한 식물과 곤충이 자라고 있어요. 또 독도는 철새들이 이동하는 길목에 위치하여 철새들의 중요한 피난처가 되고 있지요. 특히 괭이갈매기와 슴새, 바다제비의 번식지로 법적으로 보호받고 있어요. 주변 바다에는 각종 해조류와 미생물 등 수산 자원으로서 가치가 있는 여러 생물들이 살고 있어 독도는 그 자체가 천연기념물인 생태 보호 지역이지요.

> 독도가 단순히 영토만의 문제가 아니라 경제적으로도 중요하기 때문이에요.

진행자 독도는 다양한 가치를 지니고 있죠?

리포터 네, 독도는 주변 해역이 천혜의 황금 어장일 뿐 아니라 해저 자원도 풍부해요. 독도 주변의 바다 밑에는 천연가스가 많이 묻혀 있어요. 주변 동해의 수심 200미터 아래에 있는 해양 심층수는 미네랄이 풍부하고 청정한 바닷물로 다양한 분야에서 활용되고 있지요.

독도는 우리나라뿐 아니라 동북아시아 주요 나라들에 군사적으로 중요한 위치에 놓여 있어요. 우리나라는 독도에 기지를 건설하여 우리 영토를 지키는 데 필요한 다양한 군사 정보를 모으고 있지요.

독도는 기상 예보와 지구 환경 등을 연구하는 해양 과학 기지가 들어서기에 아주 좋은 곳이기도 해요.

진행자 독도가 우리에게 주는 가장 중요한 의미는 무엇일까요?

리포터 무엇보다 중요한 것은 독도가 대한민국의 독립과 주권의 상징으로서 지니는 의미예요. 일본이 아무리 독도를 일본 영토라고 우겨도 독도는 역사적, 지리적, 국제법적으로 우리 고유의 영토임이 분명해요. 대한민국은 독도에 대한 확실한 영토 주권을 행사하고 있지요.

진행자 독도의 날이 있다면서요?

리포터 네, 매년 10월 25일은 독도의 날이에요. 울릉군은 독도를 찾아오는 방문객에게 '독도 명예 주민증'을 발급해 주고 있어요. 기회가 된다면 부모님과 함께 독도를 방문해 보세요. 대한민국 국민으로서 독도의 소중함을 느낄 수 있는 좋은 기회가 될 거예요!

진행자 우리 모두 자랑스러운 우리 영토, 독도의 지킴이가 됩시다.

> 독도는 우리가 실제로 지배하고 있으니 우리 땅이 틀림없어요.

1712년
백두산정계비를 세우다

**1720년
붕당 대립이 극에
달한 가운데
숙종이 사망하다**

1776년
정조 즉위하다

1789년
실학자인 정약용이
관직에 진출하다

1794년
서용보가 고구마의
중요성을 알리는 글을
정조에게 올리다

1801년
순조, 관청에 딸려 있는
노비를 해방하다

1805년
신윤복, 〈처네 쓴 여인〉 그리다

❷ 갈수록 심해지는 붕당 간의 대립

조선 선조 때부터 생겨난 여러 붕당은 서로 견제하고 비판하는 좋은 모습을 보이기도 하고, 진흙탕 싸움을 벌이는 안 좋은 모습을 보이기도 하며 조선 후기의 정치를 이끌어 갔어. 붕당들은 왜 서로 대립했을까? 이제부터 조선 후기 붕당의 흐름에 대해서 자세히 들여다보기로 하자.

1861년
김정호,
〈대동여지도〉를 만들다

1862년
진주에서
농민 봉기가 일어나다

1864년
동학을 창시한 최제우,
처형되다

붕당 대립-이유 있는 싸움

붕당은 왜 생기게 된 걸까? 조선 선조 때에는 지방에서 학문을 배우고 연구하고 있던 사람들이 중앙 정계에 많이 등용되었어. 이 사람들은 훌륭한 스승 밑에서 높은 학문의 경지를 이룬 사람들이었지. 그래서 학문에 기초한 정치적 생각이 뚜렷했고, 다른 정치적 생각을 가진 사람들과 대립했어. 그러면서 여러 붕당이 생겨난 거야.

정치인들의 다툼은 조선에서만 일어난 특별한 일이 아니라 세계 어느 나라에서나 있었던 일반적인 현상이야. 오늘날에도 세계 각국의 정치인들은 정당을 중심으로 국민들의 의견을 더 잘 반영하기 위해 서로 경쟁하고 다투는 모습을 보이기도 하지. 생각해 보렴. 똑같은 생각으로 한 목소리만 내는 정치를 한다면 과연 사회가 발전할 수 있겠니?

조선의 붕당 대립에는 긍정적인 측면과 부정적인 측면이 모두 있었어. 붕당을 제대로 이해하려

> **붕당**
> 정치적으로나 학문적으로 뜻이 같은 사람끼리 뭉친 세력을 가리키는 말이야. 처음에는 동인과 서인으로 나누어졌어.

경주 옥산서원의 모습이야. 서원은 선비가 모여서 학문을 강론하고 유명한 학자나 충절을 지키다가 죽은 사람을 제사 지내던 곳이야. 그런 서원이 나중에는 붕당에 가담하기도 했어.

면 붕당들이 대립하는 모습에만 관심을 가질 게 아니라, 그들이 왜 대립하게 되었는지에 대해서도 알아 둘 필요가 있어.

"어떻게 하면 나라 정치를 잘 이끌어 갈 것인가?"

조선 후기에 붕당들이 다툰 중요한 핵심의 하나는 바로 이 문제였어.

선조 때 처음 동인과 서인으로 나뉜 것도 정치를 제대로 이끌기 위해 비리를 일삼던 왕의 외가 세력을 어떻게 할 것이냐 하는 문제에 대해 정치적인 의견이 서로 달랐기 때문이야.

심의겸의 아우 심충겸이 이조 전랑 후보로 추천되었을 때, 김효원과 동인 세력이 그를 반대한 건 비리를 저질러 나라의 정치를 어지럽게 한 왕

의 외가 출신이라는 이유 때문이었어.

"심충겸은 왕의 외가 출신이 아니오? 나라의 관직이 어찌 왕의 외가의 사유물이란 말이오! 왕의 외가 세력이 함부로 정치에 끼어들지 못하게 해야 하오. 그래야 나라의 정치가 올바르게 돌아갈 것이오."

심의겸을 비롯한 서인 세력은 이에 맞섰어.

"왕의 외가 세력을 경계해야 하지만, 능력을 갖춘 인물을 왕의 외가라고 해서 무조건 반대할 것까지야 없지 않소."

이처럼 나라의 올바른 방향을 둘러싸고 논쟁을 벌일 때에는 붕당이 긍정적인 면이 많았다고 할 수 있어. 붕당끼리 바른 정치를 하기 위해 서로 토론하며 경쟁했기 때문에 붕당 간의 의견 대립은 나랏일을 운영하는 데 도움이 되기도 했지. 또 여러 붕당이 함께 정치를 이끌어 가며 서로 비판하고 견제하는 가운데 어느 한 붕당이 권력을 독점하는 것을 막을 수 있는 장점도 있었어.

상복을 둘러싼 서인과 남인의 대립

붕당은 좋은 면도 있었지만, 점차 나라에 도움이 되는 정치를 하기보다는 권력을 잡기 위한 경쟁에 치우치는 모습을 보이기 시작했어.

그런 모습이 드러난 예가 상복을 둘러싼 서인과 남인 사이의 대립이야. 상복을 둘러싼 두 붕당의 대립은 지금 보면 하찮은 문제일 수도 있어. 하지만 유학을 따르는 조선의 지배층에게 예절과 법도는 오늘날 반드시 지켜야 하는 법률만큼 중요한 것이었어. 그래서 이를 놓고 서인과 남인은 치열한 논쟁을 벌이며 날카롭게 대립했지.

효종국장도감도청의궤

왕, 왕비 등의 장례 과정을 기록해 놓은 책이 '국장도감청의궤'야.

이건 효종의 장례 행렬이군요.

　현종 때였어. 선대 임금인 효종이 죽자 효종의 새어머니인 자의 대비가 얼마 동안 상복을 입어야 하는지를 결정해야 했어. 원래 조선에서는 맏아들이 죽으면 부모가 3년간 상복을 입고, 둘째 이하 아들의 경우는 1년간 상복을 입었어.

　그런데 효종은 인조의 둘째 아들인데, 맏아들인 소현 세자가 일찍 죽는 바람에 왕위에 올랐지.

　남인은 효종을 맏아들처럼 대우해야 한다고 주장했어.

"효종께서 비록 둘째 아들이지만 왕위에 올랐으므로 맏아들과 같은 대우를 받으셔야 마땅하옵니다. 3년 동안 상복을 입는 게 맞사옵니다."

서인은 효종이 둘째 아들이라는 것을 내세우며 남인의 주장에 맞섰어.

"그럴 수는 없습니다. 효종께서 맏아들이 아니므로 1년 동안 상복을 입는 게 옳습니다."

서인은 남인과의 논쟁에서 밀리면 정치 주도권을 잃게 될까 봐 철저하게 남인을 공격했어. 결국 현종이 서인의 주장을 받아들이면서 서인의 승

리로 끝이 났어. 이때 남인은 권력 밖으로 밀려났지.

15년 뒤, 자의 대비가 아직 살아 있는 가운데 효종의 왕비가 죽자 다시 상복 문제가 일어났어. 이때에도 자의 대비가 얼마 동안 상복을 입을 것인가를 놓고 서인과 남인이 치열하게 대립했어.

"이번에도 서인에게 밀리면 우리 남인은 회복할 수 없게 될 것이오."

남인은 거세게 서인을 밀어붙였고, 결국 남인의 주장이 받아들여졌어. 그래서 남인이 서인을 밀어내고 정권을 잡았지.

이렇게 상복을 둘러싼 대립은 권력을 차지하기 위한 치열한 다툼으로 번져 갔어. 그러는 동안 서인과 남인의 갈등은 점점 더 깊어졌어. 아예 담을 쌓고 지내며 서로 결혼도 하지 않았고 길에서 마주쳐도 인사조차 하지 않았지. 붕당들이 예절과 법도에만 매달려 권력 다툼을 벌이는 사이에 백성들의 삶을 돌보는 중요한 문제는 뒷전으로 밀려나 버렸어.

송시열은 서인(노론)의 지도자로 붕당 대립에 휘말려 사약을 받고 죽었어.

복수와 앙갚음으로 얼룩진 붕당 대립

붕당 대립은 갈수록 치열해졌지만, 아직까지는 뜻이 서로 다르다고 상대편 붕당 사람들

숙종과 인현 왕후가 나란히 묻혀 있는 명릉이야. 붕당의 대립이 가장 심한 시대에 살았던 인현 왕후는 서인이 세력을 잃자 중전 자리에서 쫓겨났다가 서인이 세력을 되찾자 왕비 자리를 되찾았어.

인현 왕후의 집안이 서인이었구나!

을 죽이는 것과 같은 보복은 없었어. 그런데 숙종 때부터는 붕당 대립이 피로 얼룩진 보복과 앙갚음으로 바뀌기 시작했어.

숙종은 붕당 대립을 억누르고 왕권을 키울 방법을 찾아보았어.

"점점 도를 더해 가는 붕당 대립을 이대로 두어서는 안 돼. 왕이 붕당 싸움에 끌려 다니다가는 왕권이 흔들리고 나랏일도 그르치게 될 거야. 내가 나서서 힘이 커진 붕당을 몰아내고 다른 붕당에게 권력을 넘겨주면 붕당들이 권력을 빼앗기지 않으려고 왕에게 충성을 다하겠지."

숙종은 서인의 힘이 너무 커진다 싶으면 한꺼번에 내쫓고 남인에게 정

《사씨남정기》는 숙종 때 김만중이 지은 한글 소설로, 인현 왕후와 장 희빈의 갈등을 양반 가문의 본부인과 첩과의 갈등에 빗대어 묘사했어.

권을 넘겨주었다가, 남인이 권력을 휘두른다 싶으면 모조리 내쫓고 서인을 다시 불러들이곤 했어.

하지만 결과는 숙종이 뜻한 대로 되지 않았어. 정치 판세가 한꺼번에 바뀌는 일이 반복되면서 붕당 대립이 수그러들기는커녕 이전보다 훨씬 심각해졌거든. 한 붕당이 상대편 붕당 사람들을 반역자라는 누명을 씌워 유배를 보내거나 죽이는 일까지 벌어졌지.

"전하! 반역은 절대 있을 수 없는 일이옵니다. 반역을 꾀한 저들에게 사약을 내리소서."

이렇게 되니 상대편 붕당이라고 가만있을 수 없었지.

"이대로 당하기만 할 수는 없다. 두고 보자. 반드시 보복하고 말 테다."

정권이 바뀔 때마다 상대 붕당 세력을 가차 없이 내쫓고 죽이는 피의 보복이 이어졌어. 정치는 더욱 불안해지고 결국 왕권마저 흔들렸지.

붕당끼리의 싸움으로 조선 정치의 미래는 답답하고 어두워져 갔어.

"조선의 정치가 잘못돼도 한참 잘못됐어. 앞날이 걱정이야."

"벼슬아치들이 날마다 싸움만 하고 있으니 장차 이 나라는 어찌 될꼬?"

여기저기서 조선의 정치를 걱정하는 탄식 소리가 커져 갔어.

조선의 장 희빈과 영국의 앤 불린

장 희빈은 궁녀로 왕궁에서 지내다가 숙종의 총애를 받아 인현 왕후를 밀어내고 한때 중전의 자리에 올랐어. 장 희빈이 낳은 아들은 숙종의 뒤를 이어 왕위에 오른 경종이야.

영국 역사에도 장 희빈과 비슷한 여인이 있어. 헨리 8세의 두 번째 왕비인 앤 불린은 왕비의 시녀였다가 왕의 눈에 띄어 왕의 사랑을 한 몸에 받았지. 앤 불린은 헨리 8세와 왕비를 이혼시키고 왕과 결혼해서 딸을 낳았어. 이 딸이 나중에 엘리자베스 1세 여왕이 되었어.

장 희빈과 앤 불린은 왕비를 밀어내고 왕비 자리에 올랐다는 공통점 외에 또 다른 공통점이 있어. 두 여인 모두 남편인 왕에 의해 비극적인 최후를 맞았어. 장 희빈은 숙종이 내린 사약을 먹고 숨을 거뒀고, 앤 불린은 헨리 8세에 의해 억울한 누명을 쓰고 처형되었어.

앤 불린의 초상화

대동법을 이끌어 낸 대쪽 선비 김육

1712년
백두산정계비를 세우다

1720년
붕당 대립이 극에 달한
가운데 숙종 사망하다

**1776년
정조가
즉위하다**

1789년
실학자인 정약용이
관직에 진출하다

1794년
서용보가 고구마의
중요성을 알리는 글을
정조에게 올리다

1801년
순조, 관청에 딸려 있는
노비를 해방하다

1805년
신윤복, 〈처네 쓴 여인〉 그리다

영조와 정조의 개혁

③

갈수록 붕당의 다툼은 치열해졌고, 그만큼 조선의 정치를 개혁할 필요성은 커졌어. 영조와 정조는 혼란스러운 정치 상황을 잘 정리하고, 쓰러져 가는 나라를 다시 세우기 위해 여러 갈래로 노력했어. 영조와 정조의 개혁 덕분에 정치는 안정되고 나라가 발전하면서 문화가 꽃피게 되었어. 조선 후기 최고의 황금시대가 열리고 있었지. 이제 영조와 정조 때 어떤 일이 있었는지 자세히 알아보자꾸나.

1861년
김정호,
〈대동여지도〉를 만들다

1862년
진주에서
농민 봉기가 일어나다

1864년
동학을 창시한 최제우,
처형되다

영조의 탕평책과 개혁

영조는 붕당들이 치열하게 맞서는 가운데 왕위에 올랐어. 그래서 붕당 사이의 대립이 얼마나 심각한지 잘 알고 있었지.

"붕당의 해로움이 요즘처럼 심각한 적이 없었다. 우리나라는 원래 땅이 좁고 인재를 널리 구하지 못하였다. 그런데 이제는 인재를 쓸 때 같은 붕당 사람으로만 하고 대신들끼리 서로를 반역자라고 손가락질하니 옳고 그름을 가리기가 어렵다."

영조는 붕당 사이의 대립을 없애지 않고는 정치가 안정되고 왕권이 탄탄해질 수 없다고 생각했어. 그래서 내놓은 것이 탕평책이야. 탕평책이란 어느 편에도 치우치지 않고 인재를 고르게 등용하는 정책을 말해.

"지금까지 대신들이 서로 공격하여 나라의 정책이 올바로 설 수 없었다. 이제부터 탕평의 뜻에 따라 붕당을 가리지 않고 공평하게 관리를 뽑겠노라! 대신들은 붕당끼리 대립을 멈추고 탕평의 뜻을 받들도록 하라!"

영조는 자기 붕당을 위하는 행동을 하면 누구든 정치에서 쫓아내거나 귀양을 보냈어. 그리고 탕평의 뜻을 널리 알리기 위해 성균관(지금의 서울 성균관대학교) 입구에 탕평비도 세웠지.

영조는 백성들의 어려운 삶을 헤아려 여러 제도도 새롭게 고쳤어. 직접 군대에 가는 대신 옷감을 1년에 두 필씩 바치는 세금이 있었는데, 영조는 이를 한 필로 줄여 주었어. 백성들의 부담을 덜어 주기 위해서였지.

또 백성들이 억울한 일을 왕에게 직접 호소할 수 있도록 태종 때 만들었다가 없어진 신문고를 다시 설치했어. 그뿐만 아니라, 끼니도 제대로

영조가 세운 탕평비

영조의 어진(초상화)

못 챙기는 가난한 백성들을 위해 일본에서 고구마를 들여와 구황 작물로 활용하게 하고, 귀한 곡식이 술로 만들어져 낭비되는 것을 막기 위해 금주령도 내렸어. 그리고 억울하게 벌을 받는 백성들이 없도록 형벌 제도도 뜯어고쳤어.

> **구황 작물**
> 흉년으로 먹을 양식이 모자라 굶주림이 심할 때 주식 대신 먹을 수 있는 감자, 고구마 등의 농작물을 말해.

"죄인이라도 지나치게 가혹한 형벌을 가하지 않도록 하라! 재판 없이 사람을 죽여서는 안 되고, 큰 죄인이 생기면 반드시 세 번 재판을 받게 하라! 억울한 죄인이 생겨서는 안 되느니라!"

영조가 조선 사회의 문제점을 고치고 백성들의 생활을 안정시키려고 애쓰는 가운데 나라 곳곳에서 새로운 변화와 활기가 넘쳐나기 시작했어.

뒤주 속에 갇힌 사도 세자

영조의 노력 덕분에 붕당 사이의 대립은 어느 정도 수그러들었어. 하지만 영조도 붕당 대립을 완전히 뿌리 뽑지는 못했어. 영조 자신도 붕당 대립에 휘말려 아들 사도 세자를 죽이고 말았단다.

사도 세자는 영조의 둘째 아들로 태어났어. 맏아들을 잃은 뒤 귀하게 얻은 아들이었기에 사도 세자에 대한 아버지 영조의 사랑은 지극했지. 그런데 사도 세자가 커 가면서 영조와 사도 세자의 갈등은 날이 갈수록 깊어졌어. 영조는 자신의 기대를 저버리고 학문을 게을리하는 사도 세자를 못마땅하게 여겨 꾸중하기 일쑤였어. 이런 일이 반복되면서 사도 세자는 마음의 상처를 입고 아버지 영조를 두려워한 나머지 정신 질환 증세까지 보였다고 해. 옷을 입으면 발작을 일으키기도 하고, 난폭하게 행동하거나 심지어 궁녀나 내시를 함부로 죽이기까지 했어.

　게다가 노론보다 소론과 더 자주 어울리고 노론 신하들의 잘못을 공공연하게 비판하자 노론 신하들도 가만있지 않았어. 소론과 가까이 지내는 세자가 왕이 되면 자신들의 처지가 위태로워질 것 같았거든. 그래서 세자의 잘못을 영조에게 낱낱이 일러바쳐 영조와 세자 사이를 이간질했어.

"전하, 세자께서 저잣거리에 나가 외상으로 술을 마시고 돈을 빌리는 등 세자로서 하지 말아야 할 행동을 일삼고 있사옵니다."

　심지어 세자가 반역을 꾀했다고 모함하기까지 했어. 참다못한 영조는 사도 세자를 뒤주 속에 가둬 버렸어.

세자를 뒤주에 가두고 물 한 모금 주지 마라!

"살려 주시옵소서, 아바마마!"

뒤주에 갇힌 사도 세자가 울부짖으며 호소했지만, 물 한 모금 못 먹다가 8일 만에 뒤주 안에서 끝내 죽고 말았어.

정조, 개혁의 깃발을 들다

영조의 뒤를 이어 사도 세자의 아들인 정조가 왕위에 올랐어. 정조는 아주 어렵게 왕이 되었어. 노론 신하들이 강하게 반대했거든. 사도 세자의 아들이 왕이 되면 자신들에게 보복할까 봐 두려워서였지.

"전하, 죄인인 사도 세자의 아들이 왕의 자리에 오를 수는 없사옵니다."

정조는 왕위에 오르기 전에 자신도 아버지인 사도 세자처럼 언제 모함을 받아 죽을지 모른다는 생각에 하루하루 힘든 나날을 보냈어. 실제로 노론이 보낸 자객 때문에 몇 번이나 죽을 고비를 넘기기도 했지.

아버지 사도 세자가 붕당 사이의 대립에 희생된 것을 지켜본 정조였기에 왕위에 오르자마자 붕당 대립을 없애겠다는 강한 의지를 갖고 영조보다 더욱 강력하게 탕평책을 실시했어.

"이제부터 대신들의 편 가르기 싸움에서 벗어나 능력에 따라 인재를 뽑아 쓰겠다."

필요한 인재라면 노론, 소론, 남인 등을 가리지 않고 골고루 뽑아 썼어. 나라를 안정적으로 이끌기 위해 아버지의 죽음에 관련된 노론 세력도 끌어안으려고 노력했지.

또한 정조는 첩의 자식인 서얼도 벼슬에 오를 수 있게 했어. 그동안 서얼은 아무리 뛰어난 능력을 갖추어도 벼슬길이 막혀 있었어. 필요한 인재

정조는 창덕궁 후원에 규장각을 설치하여 학자들이 학문을 연구하고 정치를 개혁할 수 있는 정책을 연구하게 했어. 뒤쪽에 정면으로 보이는 건물의 일층이 규장각이고 이층은 열람실인 주합루야.

라면 가리지 않고 쓰겠다는 정조의 의지 덕분에 서얼도 이제 벼슬길에 나설 수 있게 되었어.

 정조는 붕당 대립에 휘둘리지 않으려면 왕이 강력한 힘을 가져야 한다고 생각했어. 그래서 궁궐에 규장각을 세웠어. 왕실 도서관으로 출발한 규장각은 점차 학문 연구 기관이자 정책 연구 기관이 되었어.

 "세종 대왕께서 집현전을 만드신 것은 나라를 이끌 유능한 인재를 기르기 위함이었다. 그 뜻을 이어받아 붕당에 관계없이 젊고 능력 있는 새로운 인재들을 규장각에 모아 놓고 개혁 정치를 펼칠 것이다."

정조는 새로 뽑은 젊은 규장각 관리들을 직접 가르치고 학문적 훈련을 시켜 왕에게 충성을 다하는 신하로 키웠어. 그렇게 해서 규장각은 단순한 왕실 도서관이 아니라 정조의 개혁 정치를 뒷받침하는 기구로서 중요한 역할을 할 수 있었어.

또한 왕권을 튼튼하게 하기 위해 장용영이라는 왕의 친위 부대도 만들었어. 자신에게 충성을 다하는 군사들을 기르기 위해서였지.

규장각과 장용영 덕분에 왕에게로 힘이 집중되면서 정치는 안정과 균형을 찾아갔어.

화성에 깃든 정조의 꿈

정조의 개혁은 여기에서 그치지 않았어. 정조는 더 큰 개혁 정치의 꿈을 펼치기 위해 새로운 도시를 세우겠다는 계획을 갖고 있었어. 정조가 눈여겨본 곳은 바로 지금의 수원인 화성이었어.

정조는 아버지 사도 세자의 무덤을 화성으로 옮기면서 그곳에 종합적인 계획 신도시를 세우기로 결심했어.

"장차 붕당의 근거지인 한양을 떠나 화성을 새로운 수도로 삼아 새로운 정치를 펴 나갈 것이다."

1794년 화성 공사가 시작됐어. 정조는 화성 건설에 온 힘을 쏟았어. 정약용이 설계도를 그리고 거중기를 개발해 공사를 도왔지. 거중기란 도르래의 원리를 이용하여 작은 힘으로 무거운 물건을 쉽게 들어 올리는 장치야. 정조는 거중기 덕분에 건설비를 크게 줄일 수 있었다며 칭찬을 아끼지 않았어.

"정약용이 고안한 거중기를 써서 4만 냥을 절약할 수 있었다."

화성은 돌과 벽돌을 적절히 잘 섞어 지어 튼튼하기로 유명해. 이전에는 주로 돌을 사용해서 건축하는 데 시간과 노동력이 많이 들었어. 하지만 화성 건설에 돌과 함께 벽돌을 처음으로 사용함으로써 공사 기간과 노동력을 줄일 수 있었고 성곽의 튼튼함과 아름다움도 한층 높였지. 이렇게 최첨단 건축 방법을 모두 동원한 덕분에 10년을 예상한 공사를 3년도 안 되어 마칠 수 있었어.

정약용이 고안한 거중기

화성은 군사적인 방어 기능을 포함하여 농업과 상업, 정치 등 모든 기능이 이루어질 수 있도록 지어졌어. 정조는 많은 농민들이 일할 수 있는 대규모 농장을 만들고 큰 저수지도 만들게 했어. 한양과 화성 사이에 새로운 길도 닦고 화성이 경제적으로 번창할 수 있는 정책도 마련했어.

"화성에 이주하는 자들에게 나라에서 보조금을 주고 세금도 면제해 주어라. 그리고 이곳에서 장사를 원하는 사람들에게 장사에 필요한 돈을 빌

화성의 화서문과 서북공심돈

려 주되 이자를 받지 않도록 하라. 그리하여 화성을 상공업의 중심지로 키울 것이다."

정조는 화성에서 중요한 나랏일도 돌보았어. 정조의 개혁 정치의 꿈도 무르익어 가고 있었지. 그런데 안타깝게도 화성이 완성된 지 얼마 지나지 않아 정조가 갑작스럽게 세상을 떠났어. 화성을 중심으로 새로운 개혁 정치를 펼치려던 정조의 꿈도 여기에서 멈추고 말았어.

오스만 제국 술탄의 친위 부대, 예니체리

정조가 친위 부대인 장용영을 만든 것처럼 오스만 제국의 지배자 술탄도 친위 부대인 예니체리를 만들었어. 투르크 어로 '새로운 병사'라는 뜻이지.

14세기 후반 오스만 제국의 술탄 무라드 1세가 전쟁 포로로 잡힌 소년들과 그리스도교 소년들을 강제로 징집해 만든 부대가 예니체리야. 예니체리가 되면 모두 이슬람교로 개종하고 엄격한 훈련과 무기 다루는 법을 익힌 뒤 직업 군인이 되었지.

예니체리는 술탄의 친위 부대로서 이슬람교에서 믿는 유일신 알라와 술탄 외에는 어느 누구에게도 복종해서는 안 되었어. 결혼도 할 수 없었고 군대 밖에서 생활하는 것도 모두 금지되었어. 대신, 술탄의 최정예 부대로 최고 대우를 받고 엄청난 특권을 누렸지. 높은 관직에 오를 수 있는 출세의 길도 열려 있었어.

예니체리는 전쟁이 없을 때는 술탄이 머무는 수도의 경비를 맡다가 전쟁이 나면 전쟁터로 나가 싸웠어. 서아시아의 작은 나라 오스만이 100여 년 만에 세계 대제국으로 발전할 수 있었던 데에는 예니체리 부대의 힘이 컸어.

인물 집중 탐구

백성을 으뜸으로 여긴 군주,
정조

정조는 여러 가지 개혁 정책으로 사회를 안정시키고 백성들이 편히 살 수 있게 하려고 노력했다. 몇 가지 일화를 통해 백성을 아끼는 정조의 마음을 알아보기로 한다.

검소함을 실천하다

정조는 백성들의 어려운 살림살이를 걱정해서 스스로 검소한 생활을 하며 모범을 보였다. 옷은 곤룡포와 면류관, 융복(군복) 외에는 모두 무명옷으로 입었고, 옷이 해지면 기워 입었다. 음식도 입에 맞는 반찬 하나면 충분했다. 신하들과 함께 식사하며 토론하는 것을 즐겼는데, 식사가 끝나고 돌아갈 때는 신하들이 남은 반찬을 가져가게 했다.

백성들의 고단한 몸과 마음을 녹여 주다

나라의 큰 공사 때마다 백성들은 강제 노동과 엄청난 희생을 견뎌야 했다. 하지만 정조는 화성 공사에 참가한 백성들 모두에게 일한 만큼 품삯을 줬다.
공사 중에 부상당한 일꾼들을 위해 병원을 세우고, 치료를 받는 동안 하루 품삯의 절반을 주었다. 겨울에는 일꾼들에게 추위를 막을 털모자를 선물했다.

백성들의 삶을 가까이에서 보살피다

정조는 냇물에 비치는 밝은 달처럼 모든 백성을 고루 비추는 임금이 되고 싶어 했다. 그래서 자주 궁궐 밖으로 행차를 나가서 백성들을 만나 그들의 어려움을 직접 들었다. 다른 왕들에 비해 정조의 행차가 특별히 많았던 것도 백성들의 소리를 가까이에서 듣기 위해서였다. 정조가 행차할 때 누구든 징을 울려 왕의 행차를 가로막고 억울한 사정을 호소하면 멈춰서 직접 해결해 주었다.

백성들에게 직접 쌀을 나눠 주다

정조는 진정 백성들을 위해 자신의 모든 것을 바친 군주였다. 새로 지은 화성에서 어머니 혜경궁 홍씨의 회갑연을 마친 다음 날, 정조는 화성의 백성들에게 쌀을 나눠 주고 양로 잔치를 베풀었다. 이날 화성에 사는 홀아비, 과부, 고아, 가난한 사람들에게 쌀과 소금을 직접 나눠 주고 죽을 쑤어 먹였다. 정조는 백성들에게 나눠 줄 죽을 직접 맛보기도 했다. 백성들에게 차가운 죽을 먹이지 않을까 염려해서였다. 또 양로 잔치에 참석한 노인들에게는 비단을 선물로 주기도 했다.

정조 대왕의 〈파초도〉 정조는 시와 글은 물론 그림에도 뛰어난 재능이 있었어.

1712년
백두산정계비를 세우다

1720년
붕당 대립이 극에 달한
가운데 숙종 사망하다

1776년
정조 즉위하다

1789년
실학자인 정약용이
관직에 진출하다

1794년
서용보가 고구마의
중요성을 알리는 글을
정조에게 올리다

1801년
순조, 관청에 딸려 있는
노비를 해방하다

1805년
신윤복, 〈처네 쓴 여인〉 그리다

4 실학자들이 꿈꾼 세상

임진왜란과 병자호란, 두 번의 큰 전쟁을 겪은 조선은 새로운 변화가 필요했어.
하지만 당시 지배층은 낡은 틀에 갇혀 조선이 안고 있는 문제를 제대로 해결하지 못했지.
이때 백성들을 걱정하며 조선의 개혁을 위해 노력한 실학자들이 나타나기 시작했어.
실학자들은 실생활에 보탬이 되고 현실을 개혁할 수 있는 학문을 연구했어.
실학자들에게 나라와 백성을 살리는 길은 무엇이었는지 살펴보기로 하자.

1861년
김정호,
〈대동여지도〉를 만들다

1862년
진주에서
농민 봉기가 일어나다

1864년
동학을 창시한 최제우,
처형되다

실학의 문을 연 유형원

　실학자들 중에는 농민들이 잘살 수 있도록 토지 제도를 바로 잡아야 한다고 생각한 사람들이 있었어. 농사짓는 농민들이 자기 땅을 갖지 못한 데 모든 사회 문제의 원인이 있다고 보았거든. 대표적인 인물로 유형원, 이익, 정약용 등을 꼽을 수 있어.

　처음으로 실학의 문을 연 사람은 유형원이야. 실학의 선구자라고 할 수 있지. 유형원은 한양의 양반 집안에서 태어났지만, 과거 공부를 그만두고 벼슬자리도 마다하며 32세에 전라도 부안으로 내려가 학문 연구에 몰두했어. 이곳은 유형원의 할아버지가 한때 살았던 곳이야.

　유형원은 부안에서 살면서 농촌의 현실과 농민 생활의 어려움을 직접 지켜볼 수 있었어. 당시 양반들이 거의 모든 땅을 차지하고 있어서 가난한 농민들은 농사지을 땅이 없었어. 그래서 농민들은 양반의 땅을 빌려야 했고, 그 대가로 수확의 반을 양반에게 바쳐야 했어. 게다가 나라에 바칠 이런저런 세금을 떼고 나면 아무리 힘들게 일해도 굶주림과 가난에서 벗어날 수 없었지.

유형원은 이러한 농민의 현실을 안타깝게 여기며 토지 제도를 바꿔야 한다고 주장했어.

"조선의 가장 큰 문제는 농사를 짓는 농민이 자기 땅을 갖지 못한 데 있다. 모든 토지를 일단 나라의 것으로 만든 다음, 직접 농사를 짓는 농민에게 골고루 나눠 주어야 한다. 그러면 백성들이 편안해지고 나라가 튼튼해질 것이다."

유형원은 토지가 나라의 근본이며, 토지 제도를 올바르게 하지 못한다면 나라와 백성을 제대로 다스릴 수 없다고 생각한 거야.

농민에게 땅을!

유형원의 생각을 이어받아 한층 발전시킨 학자는 이익이었어. 이익은 붕당 대립의 소용돌이 속에서 아버지와 형을 잇달아 잃는 불행을 겪었어. 그는 일찌감치 벼슬을 포기하고 시골로 내려가 직접 농사를 지었어. 이때 농민들의 어려운 처지를 체험하고 농민 편에 선 개혁안을 내놓았어. 유형원과 마찬가지로 나라를 부강하게 하려면 토지 제도를 고쳐야 한다는 것이었지.

"백성이 부유해야 나라가 부유해진다. 이렇게 하려면 한 사람이 가질 수 있는 땅의 크기를 제한해야 한다. 그래야 힘 있는 사람이 땅을 많이 차지하는 것을 막을 수 있고, 땅 없는 백성이 사라질 것이다."

이익은 제자들에게 직접 농사를 지으라고 하며 농사의 중요성을 일깨워 주었단다.

"선비도 농사를 짓고, 농사꾼도 벼슬을 할 수 있어야 한다. 몸소 농사의 어려움을 아는 자 가운데 재능과 덕망 있는 자를 가려 등용해야 한다."

유형원에서 시작된 실학의 물줄기는 이익을 거쳐 정약용에게로 이어졌어. 정약용은 정조의 총애를 한 몸에 받으며 개혁 작업에 참여했지만, 정조가 죽은 뒤 벼슬에서 내쫓겨 18년 동안이나 귀양살이를 했어.

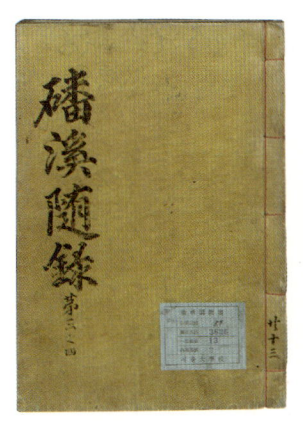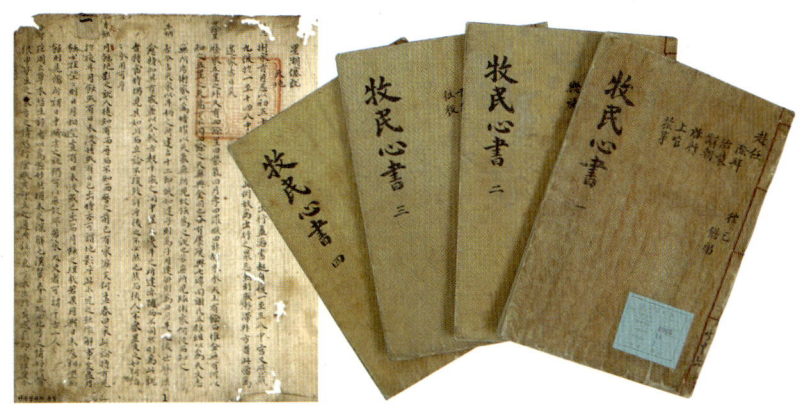

실학자들은 나라를 부강하게 만드는 방법에 대해 연구하고 책을 썼어. 왼쪽부터 유형원의 《반계수록》, 이익의 《성호사설》, 정약용의 《목민심서》야.

이때 백성의 고통을 직접 눈으로 보며 어떻게 해야 나라와 백성을 구할 수 있는지 깊이 생각했지.

"이 나라에 병들지 않은 곳이 없으니 지금이라도 고치지 않으면 백성과 나라가 모두 망할 것이다. 어떻게 해야 나라와 백성을 구할 수 있을까?"

본래는 초가집이었대.

정약용이 18년 동안의 유배 기간 중 10년 넘게 지낸 전라남도 강진의 다산초당이야. 그는 이곳에서 《목민심서》, 《흠흠신서》 등 500여 권의 저서를 썼어.

정약용이 내놓은 방안은 땅을 공동으로 소유하는 농장을 만들자는 것이었어.

"마을 단위로 공동 농장을 만들어 마을 사람들이 함께 농사짓고, 일한 만큼 수확을 나누어 갖도록 해야 한다. 일을 많이 한 사람은 많이 가져가고 적게 한 사람은 적게 가져가게 하면 될 것이다."

정약용 초상화

《목민심서》
1818년 정약용이 지방관을 비롯한 관리들이 지켜야 할 지침과 올바른 마음가짐에 대해서 쓴 책이야. 특히 관리들에게 청렴하고 검소하게 생활할 것과 백성들을 사랑하고 잘 보살필 것을 강조했어.

정약용은 이처럼 토지 제도를 개선하자는 주장을 펼쳤을 뿐만 아니라 낡은 제도와 잘못된 정치를 바로잡아 백성들이 잘살 수 있는 방법을 두루 연구했지. 《목민심서》에서는 백성들을 쥐어짜는 못된 관리들의 잘못을 바로잡아야 나라가 바로 설 수 있다고 주장했어.

"백성들의 피와 땀으로 지방관이 떵떵거리고 사니, 백성들이 지방관을 위해 태어난 것인가? 아니다. 지방관이 백성을 위해 있는 것이다."

정약용은 나라의 주인은 백성이며, 백성을 위한 정치가 최고의 정치라고 굳게 믿었지.

박지원과 박제가, "상공업으로 나라를 부유하게 하자!"

실학자들 중에는 박지원과 박제가처럼 상공업을 살려야 조선의 문제를 해결할 수 있다고 주장한 사람들도 있었어.

1780년 박지원은 사절단에 끼어 처음으로 청나라에 가게 됐어. 청나라

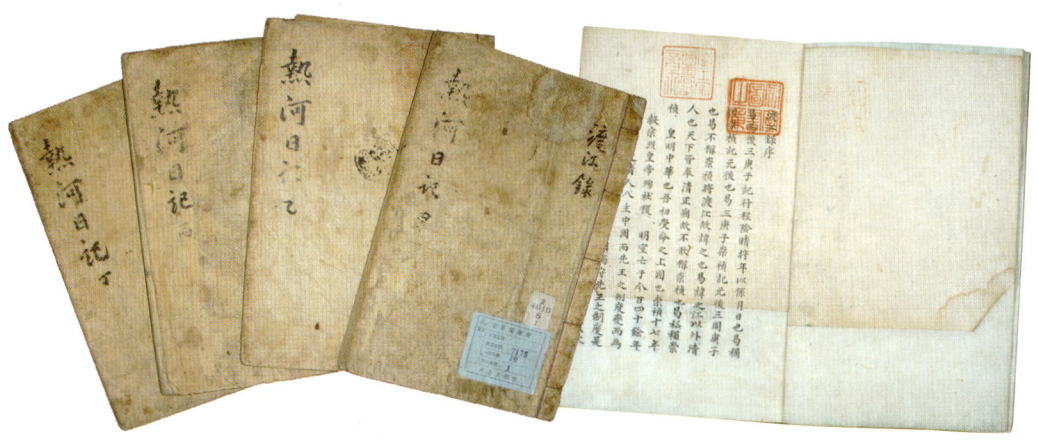

박지원이 청나라에 다녀와서 쓴 《열하일기》는 지금도 독특하고 생생한 여행기라는 평가를 받고 있어.

조선 후기에 8폭 병풍으로 그려진 〈태평성시도〉의 일부

    를 다녀온 사람들로부터 청나라의 새로운 문물에 대해서 많은 이야기를 들었기에 이번 여행에 대한 기대가 아주 컸지.
    말로만 듣던 청나라를 직접 여행하면서 박지원은 깜짝 놀랐어. 눈으로 직접 확인한 청나라의 발전된 모습은 생각했던 것 이상이었거든. 도시마다 번창한 시장, 궁궐과 성곽, 배와 수레, 각종 생활용품 등에 이르기까지

어느 것 하나 조선보다 못한 것이 없었지.

박지원이 본 청나라는 그동안 조선이 무시하던 오랑캐 나라가 아니었어. 조선보다 더 발전한 문명국으로 우뚝 서 있었던 거야.

"오랑캐라고 멸시만 할 것이 아니다. 뒤떨어진 조선의 힘으로 청나라를 정벌한다는 것은 불가능하다. 백성들에게 유익하고 나라에 이롭다면 오랑캐의 것이라 할지라도 배울 만한 것은 배워야 한다."

청나라에서 돌아온 박지원은 뒤떨어진 조선의 현실을 개혁하고 나라를 부강하게 하려면 상공업을 발전시키고 청나라와의 무역에 힘써야 한다고 주장했어.

"청나라와 무역을 하면 조선의 상공업이 발전하고 나라도 부강해질 수 있다."

박지원 말고도 청나라를 배워야 한다고 주장한 학자들이 여럿 있었어. 박제가는 그런 주장을 가장 강하게 펼친 실학자였어. 박제가는 박지원의 가르침을 이어받은 제자였고, 정조가 아끼던 규장각의 학자이기도 했지.

여러 차례 청나라를 다녀온 박제가는 조선의 문제점을 해결하려면 청나라의 발전된 문물을 배우고 받아들여야 한다고 굳게 믿었어.

"나라 경제를 살리고 국력을 키우는 방법은 청나라의 기술을 배우고 청나라와 무역을 하는 길밖에 없다."

또, 청나라처럼 수레나 배를 이용하여 상공업을 발달시켜야 한다고 주장했지.

"청나라에서는 도로와 교량이 잘 정비되어 있고 배와 수레를 이용해 교통이 아주 원활하다. 우리도 배와 수레를 이용하면 상품 유통이 활발해져

중국 화가가 그린 박제가의 모습

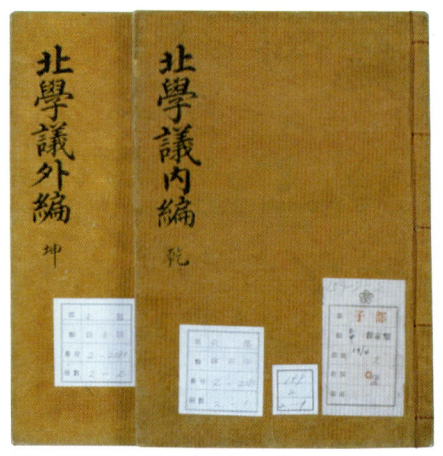
중국의 문물과 기술을 배워야 한다고 주장한 박제가의 저서 《북학의》

전국에 시장이 생겨나고, 이에 따라 농업과 수공업이 번성할 수 있다."

박제가는 소비를 권장해야 생산이 활발해진다는 색다른 주장을 펴기도 했어. 절약은 미덕이 아니라 오히려 소비를 억제하고 생산을 막는 요인이라는 것이지. 근검절약을 미덕으로 여기던 당시의 조선 사회에서는 무척 새로운 주장이었어.

그뿐만 아니라 양반도 일해야 한다는 놀라운 주장을 펼치기도 했어.

"나라의 경제가 어려워진 이유는 학문을 한답시고 놀고먹는 양반이 갈수록 불어난 데 있다. 상공업에 종사하는 것은 조금도 부끄러운 일이 아니다. 양반도 상업에 종사해야 한다."

나라가 부유해지려면 상공업을 업신여기는 그동안의 잘못된 풍조를 바로잡아야 한다는 것이지.

이처럼 여러 실학자들은 조선의 현실을 날카롭게 비판하고 모든 백성들이 잘살 수 있는 나라를 꿈꿨어. 그들의 개혁은 나라와 백성을 살리기 위한 한결같은 고민에서 나온 것이었지. 하지만 안타깝게도 실학자들의 역할은 여기까지였어.

　실학자들이 여러 갈래로 조선의 문제를 해결하는 개혁안을 내놓았지만, 그들의 주장은 현실을 개혁하는 데 반영되지 못했어. 실학자들 대부분이 권력에서 밀려난 양반이어서 자신들의 개혁안을 현실 정치에서 실행할 수 있을 만큼 큰 힘을 갖지 못했기 때문이지.

　그렇지만 조선의 잘못된 부분을 과감히 뜯어고쳐 나라를 튼튼히 하려는 실학자들의 진지한 고민만큼은 우리 역사의 소중한 유산으로 남아 있어.

팔방미인 정약용과 만능 천재 레오나르도 다빈치

정약용은 정치를 비롯하여 경제, 건축, 과학, 의학에 이르기까지 두루 능통한 팔방미인형 학자였어. 특히 과학 기술의 중요성을 강조하고 기술 개발에 앞장서기도 했지. 화성 건설의 설계도를 그렸고, 백성들의 일손을 덜어 주기 위해 거중기와 유형거라는 수레도 만들었어. 또 정조의 행차를 위해 한강에 놓일 배다리를 설계하고 여러 가지 건설 기계도 고안해 냈어.

〈모나리자〉를 그린 화가로 유명한 레오나르도 다빈치도 모든 방면에서 탁월한 재능을 발휘한 만능 천재였어. 그는 화가이자 시인, 음악가, 건축가였고, 다양한 발명 원리들을 고안해 낸 공학자이자 발명가였어. 다빈치는 특히 비행 물체에 관심이 많았어. 곤충과 날아다니는 동물을 관찰하고 공기의 흐름을 연구해 낙하산, 헬리콥터, 다이빙 보드 등 각종 기계를 설계하기도 했지.

또 사람 시체를 해부하여 세밀한 인체 해부도까지 그렸어. 그 밖에 식물학, 지질학, 기하학 등에 관해서도 많은 연구를 했어. 그래서 다빈치는 예술과 과학의 비밀을 밝힌 만능 천재로 불린단다.

조선 최고의 과학 수사관 정약용

신중하고 또 신중하라!

1712년
백두산정계비를 세우다

1720년
붕당 대립이 극에 달한 가운데 숙종 사망하다

1776년
정조 즉위하다

1789년
실학자인 정약용이 관직에 진출하다

1794년
서용보가 고구마의 중요성을 알리는 글을 정조에게 올리다

1801년
순조, 관청에 딸려 있는 노비를 해방하다

1805년
신윤복, 〈처네 쓴 여인〉 그리다

⑤ 달라지는 경제생활

두 차례의 큰 전쟁을 치른 뒤, 조선 사람들은 전쟁이 남긴 상처를 극복하기 위해
애썼어. 농민들은 논과 밭을 다시 일구고, 새로운 농사 방법을 연구했어.
전국의 시장들도 사람들이 몰려들면서 시끌벅적해졌고, 상인들의 상업 활동도
활발해졌어. 조선 경제에 새로운 변화의 바람이 불고 있었지.
어떤 변화가 일어났는지 조선 후기 농촌과 장터로 떠나 볼까?

1861년
김정호,
〈대동여지도〉를 만들다

1862년
진주에서
농민 봉기가 일어나다

1864년
동학을 창시한 최제우,
처형되다

모내기로 변화된 농민의 삶

　임진왜란과 병자호란이 끝난 뒤 농민들에게 남은 것은 황폐해진 논과 밭, 녹슨 농기구뿐이었어. 그렇지만 농민들은 포기하지 않고 다시 일어서서 스스로 살길을 찾아 나섰지. 그렇게 해서 찾아낸 것이 모내기야.
　예전에는 논에다 직접 볍씨를 뿌려 벼농사를 지었어. 이와 달리 모내기는 봄에 볍씨를 모판에다 뿌려 키우다가 알맞게 자라면 논에 옮겨 심는 방법이야.
　모내기는 농민 생활에 큰 변화를 가져왔어. 무엇보다 모내기를 하면 잡초 뽑는 일손을 크게 덜 수 있었어. 농민들이 벼농사에서 가장 힘겨운 일은 뭘까? 아마 뙤약볕 밑에서 허리를 숙이고 잡초를 뽑는 일일 거야. 벼가 흡수해야 할 영양분을 빼앗아 가는 잡초는 반드시 뽑아 줘야 해. 볍씨를 논에 직접 뿌리면 잡초를 일일이 찾아서 솎아 내야 했기 때문에 시간과 노력이 아주 많이 들어. 하지만 모내기를 하면 줄을 맞춰 모를 심기 때문에 벼 사이에 자라난 잡초를 죽 뽑아 주면 그만이지.

김홍도의 작품으로 전해지는 〈누숙경직도〉라는 18세기의 그림이야. 인물이나 의복이 중국풍이지만, 농부들이 일하는 모습이 생생하게 묘사되어 있어. 남자들이 열심히 모내기를 하고 있고, 뒤쪽으로는 새참을 들고 온 아낙네의 모습도 보여.

    모내기의 효과는 이것만이 아니었어. 모판에서 상태가 좋지 않은 모를 솎아 내고 튼튼한 것만 골라 논에 옮겨 심어 수확량이 크게 늘었지.

    또 모내기를 하면 가을에 벼를 수확한 뒤부터 이듬해 5월 모내기를 하기 전까지 논에서 보리농사도 지을 수 있었어. 그러니까 한 해에 쌀과 보리를 번갈아 짓는 이모작이 가능해진 거지.

    모내기는 농민들에게 커다란 선물이 되었어.

    "전에는 한여름 내내 뙤약볕 아래서 잡초를 뽑느라고 힘들었는데, 모내기를 하니 훨씬 힘이 덜

> **이모작**
> 같은 논에서 벼와 보리처럼 종류가 다른 농작물을 번갈아 심어 거두는 것을 말해.

들고 시간과 일손이 크게 줄었어."

"게다가 쌀농사도 하고 보리농사도 할 수 있으니 얼마나 좋아! 끼니 걱정 안 해도 되고 남는 건 시장에 내다 팔아 돈도 벌 수 있고 말이야."

"그러게 말이야. 잡초 뽑는 일이 줄어드니 예전과 똑같이 일해도 나 혼자 여러 사람 몫의 땅을 농사지을 수 있게 되었지. 땅을 빌리든지 사든지 해서 벼농사를 더 지어야겠어. 그럼 더 많은 돈을 벌 수 있을 거야."

부지런한 농민들은 남의 땅을 빌리고 사들여 벼농사를 크게 늘려 갔어. 모내기 덕분에 재산을 늘린 부자 농민이 생겨나기 시작했지.

그런데 나라에서는 처음에 모내기를 금지했어. 모내기를 할 시기에 논에 물이 충분치 않으면 모가 모두 말라 한 해 농사를 크게 망칠 위험이 높았거든.

"한 해 농사를 망치면 나라에서 세금을 거둘 수 없게 된다. 그러니 모내기를 하지 말고 논에 직접 볍씨를 뿌려 농사짓도록 하라!"

나라에서 막으려 해도 농민들은 모내기를 하기 위해 앞 다투어 저수지를 만들고 물길을 내며 가뭄을 이기려 애썼어. 농민들의 끈질긴 노력으로 조선 후기에는 모내기가 전국적으로 널리 퍼져 나갔단다.

밭농사의 변화와 상품 작물 재배

농민들은 논에서뿐만 아니라 밭에서도 새로운 농사 방법을 찾아냈어. 밭이랑 대신 밭고랑에 작물을 심기 시작한 거야.

밭을 갈았을 때 땅 위로 두툼하게 올라온 부분을 밭이랑이라고 하고, 파인 부분을 밭고랑이라고 해. 밭고랑에 씨앗을 뿌리면 겨울바람을 덜 타기 때문에 한겨울에도 얼어 죽지 않을 뿐만 아니라, 작물이 많은 수분을 머금어 말라 죽지 않고 더 잘 버틸 수 있어. 또 잡초 뽑기가 쉬워 일손이 줄어드는 효과도 있지.

밭농사로 다른 나라에서 들여온 고구마, 감자, 고추, 토마토 같은 새로운 작물도 재배하기 시작했어. 특히 고구마와 감자는 굶주림을 해결할 수 있는 좋은 구황 작물로 인기가 높았어. 밭농사를 통해 농민들은 이전보다 한결 풍족한 생활을 할 수 있게 되었지.

이것만이 아니었어. 농민들은 점차 논농사로 거둔 곡식으로 식구들의

담배
임진왜란 이후 들어온 담배는 당시 사람들에게 큰 인기를 얻었어. 담배가 만병통치약으로 잘못 알려지는 바람에 아이들이 피우기도 하고, 남녀노소 담배를 피우는 사람이 점점 늘어났다고 해.

끼니와 세금을 해결할 수 있게 되면서 밭농사로는 시장에 내다 팔 수 있는 농작물을 기르는 일이 많아졌어. 시장에 내다 팔기 위해 기르는 작물을 상품 작물이라 하는데, 특히 면화, 담배, 인삼 등이 아주 인기 좋은 상품 작물이었어.

또 한양 변두리와 각 지방의 큰 도시 주변의 농촌에서는 채소를 길러 팔기도 했어. 농민들은 미나리, 배추, 파, 오이 등을 큰 도시에 팔아 쏠쏠한 이익을 얻을 수 있었지.

"올해는 뭘 심으려는가? 나는 미나리와 배추를 심어 한양에 내다 팔 거야. 작년에는 수입이 꽤 짭짤해서 딸을 시집보낼 수 있었다네."

"난 담배 농사를 지어 벼농사보다 10배의 이익을 얻었어. 계속 담배 농사를 지을 거야."

이렇게 상품 작물을 재배해서 큰돈을 버는 농민들이 점점 늘어났어.

시장의 발달과 늘어난 화폐 사용

논과 밭에서 일군 새로운 농사 방법 덕분에 이제 백성들에게는 배불리 먹고도 남는 몫이 생겼어. 그것으로 필요한 물건들을 바꾸어 쓰게 되면서 자연스레 여기저기에서 시장이 생겨났어. 당시 시장은 매일 열리는 것이 아니라 대개 5일에 한 번씩 열렸어. 이것을 5일장이라고 한단다.

시장을 찾는 사람들이 늘어나서 나중에는 전국에 5일장이 서지 않는 고을이 없을 정도로 시장이 번성했어. 18세기 중반에는 시장이 서는 곳이 전국에 1,000여 군데나 되었지.

시장은 물건을 사고파는 곳만이 아니었어. 장터를 오가는 사람들이 서로 살아가는 이야기를 오순도순 나누는 만남의 장소였고, 세상 돌아가는 소식과 정보가 오가는 공간이기도 했어.

상평통보 인조 때 처음 만들었고 숙종 때 전국적으로 유통되었어. 동그라미 안에 네모 구멍이 뚫려 있는 모양은 땅은 네모나고 하늘은 둥글다는 당시 조선 사람들의 생각을 나타낸 거야.

구멍이 네모야!

상평통보 같은 화폐가 사용되기 전에는 옷감이나 쌀이 화폐 역할을 했대요.

    이뿐만이 아니야. 시장은 왁자지껄한 놀이와 흥겨움이 가득한 축제의 장이기도 했어. 시장이 열리는 날이면 씨름 대회, 줄타기, 탈춤 등 놀이마당이 한바탕 펼쳐졌거든. 구경꾼들은 놀이 구경을 하며 웃고 즐기는 동안 무거운 짐을 들고 먼 길을 오가는 시름도 잊을 수 있었어. 이제 시장은 백성들의 삶에서 중요한 부분이 되었단다.

    시장이 발달하니 화폐 사용도 늘어났어. 이때 전국적으로 널리 사용된 화폐가 상평통보였어. 18세기 후반에는 세금뿐만 아니라 벌금을 내는 데도 화폐를 사용했어. 예전에 화폐 사용을 외면했던 백성들도 이제는 화폐

없이는 큰 불편을 느낄 정도가 되었지.

"예전에는 팔려고 들고 나온 물건을 쌀과 옷감으로 교환할 때는 너무 무겁고 커서 들고 다니기에 아주 불편했지. 이제는 일한 품삯을 받을 때는 물론이고 물건을 사고팔 때나 장터에서 국밥을 사 먹을 때도 상평통보를 사용하니 아주 편리해."

장터를 여기저기 돌아다니며 장사를 하는 장돌뱅이가 잠시 앉아 쉬는 모습이야. 조선 후기의 화가 권용정의 그림이란다.

"어디 그뿐인가? 세금도 상평통보로 바치니 얼마나 편리한가!"

나라에서도 화폐로 세금을 거두니 쌀로 세금을 받을 때보다 운반비도 적게 들고 보관이 쉬워 여러모로 편리했지.

대상인의 성장

시장이 크게 늘고 상업이 발달하니 당연히 상인들의 수도 늘어나고 활동도 더욱 활발해졌어.

전국 팔도에 시장이 열리는 곳마다 돌아다니며 전문적으로 장사하는 장

19세기 개성상인의 거래 장부야. 이 장부에는 개성상인들의 구체적인 거래 내역이 기록되어 있어.

사꾼들도 많아졌어. 이들을 보부상이라고 해. 시장과 시장 사이를 오가면서 물건을 지게에 지고 다니거나 보자기에 싸서 메고 다니며 장사를 해서 등짐장수, 봇짐장수, 장돌뱅이라고도 불렀어.

지방에서는 의주상인, 동래상인, 개성상인 등의 활약이 두드러졌어. 이들은 전국의 시장에서 대규모로 물건을 거래할 뿐만 아니라 나라 밖으로도 눈을 돌려 청나라, 일본과 활발한 무역 활동도 펼쳤어.

특히 개성상인은 인삼의 재배와 판매를 통해 뛰어난 장사 능력을 발휘했어. 전국에 송방이라는 지점을 차려 놓고 전국의 시장을 좌지우지하기도 했지. 또 중국과 일본 등과의 인삼 무역에도 뛰어들어 엄청난 자본을 모을 수 있었어. 개성상인이

의주상인
조선 후기 의주 지방을 무대로 중국과 무역 활동을 펼친 상인들이야. 만상이라고도 불러. 의주는 압록강 근처의 국경 도시로 조선과 중국의 사신들이 드나드는 관문이었으며, 두 나라 사이의 무역 중심지로도 중요한 역할을 했어.

동래상인
동래를 중심으로 일본과의 무역을 주로 담당하던 상인들이야. 내상이라고도 해. 주요 거래 상품은 인삼, 가죽, 종이 등이었어.

개성상인
개성(송도)을 중심으로 상업 활동을 하던 상인들이야. 송상이라고도 해. 고려 때 국제 무역 도시였던 개성의 전통을 이어받아 국제 무역을 활발히 벌였어.

인삼을 중국이나 일본에 수출할 때에는 주로 중국과 무역하는 의주상인이나 주로 일본과 무역하는 동래상인의 손을 거쳐 이루어졌어.

한강을 중심으로 활동하던 경강상인들도 있었어. 이들은 배를 가지고 있어 한강을 무대로 전국의 쌀, 소금, 어물 등을 실어 나르며 한양에 내다 팔아 큰 부자가 되었어.

이렇게 조선 후기에 들어 부자 농민뿐 아니라 전국 상권을 손에 거머쥔 대상인도 쑥쑥 성장하고 있었지.

경강상인
조선 후기에 한강 지역을 중심으로 활동한 상인들이야. 주로 나라가 세금으로 거둔 쌀을 운반하는 일을 했어. 줄여서 강상이라고 불렀어.

'고구마와 감자 덕분에 굶주릴 걱정이 없다!'

고구마와 감자는 원산지인 아메리카 대륙에서 유럽에 전해진 뒤 인류를 굶주림에서 해방시켰으며 세계 인구 증가에도 큰 역할을 했어. 고구마는 땅이 비옥하지 않아도 잘 자라고 가뭄과 벌레에도 강한 데다가 맛과 영양이 풍부해 전 세계에 아주 빠르게 퍼져 나갔어. 16세기에는 중국에서도 고구마를 재배하기 시작했어. 18~19세기에 들어 중국 인구가 두 배 가까이 크게 증가한 것은 고구마 같은 식량 작물이 보급된 덕분이라고 해. 18세기에는 우리나라에도 고구마를 들여와 흉년을 이겨 내는 데 도움이 되는 작물로 키우게 되었지.

16세기 무렵 유럽에 전해진 감자는 기아에 시달리던 유럽 사람들에게 충분한 에너지를 보충해 주는 중요한 식량 작물이 됐어. 특히 아일랜드에 심각한 흉년이 들었을 때 사람들이 굶주림을 이겨 내는 데 큰 보탬이 됐지. 이후 거친 땅에도 잘 자라고 가뭄과 장마, 추위에도 강한 감자의 장점이 알려지면서 유럽 여러 나라에 널리 보급되었어. 16~17세기에는 중국과 아시아의 여러 나라에 전해졌고, 우리나라에는 18세기에 전해져 굶주림을 해결할 수 있는 좋은 작물로 널리 재배되었지.

인물 인터뷰

굶주린 백성을 살린 김만덕

정조 때 제주에서 크게 성공한 조선 최고의 여성 사업가로, 조선 시대 여성의 한계를 뛰어넘어 아주 비범한 삶을 산 김만덕 거상을 만나 인터뷰를 했습니다.

기자 어린 시절은 어떻게 보냈나요?

김만덕 제주에서 평민 집안의 외동딸로 태어났지요. 어릴 때 전국을 휩쓴 전염병으로 부모님을 모두 잃고 어느 기생의 수양딸로 들어가 기생이 되었어요. 하지만 난 기생으로 살면서도 스스로 기생이라 여긴 적이 없었어요.

기자 기생이었던 분이 어떻게 거상이 되었나요?

김만덕 난 원래의 신분을 되찾기로 결심하고 관아를 찾아가 억울한 사정을 호소했지요. 천민인 기생이 다시 원래의 신분으로 돌아가기란 매우 어려운 일이지만, 끈질기게 간청한 끝에 평민 신분을 되찾았어요.

기자 그리고 사업에 뛰어들었군요?

김만덕 네. 상인들에게 잠잘 곳과 먹을 것을 제공하며 물건을 맡아 팔거나 흥정을 붙여 주는 일을 하며 장사와 물건 거래에 눈을 뜨게 됐어요. 손대는 사업마다 엄청난 성공을 거두어 제주 최고의 부자가 되었지요. 조선 시대 여성으로서는 아주 드문 경우였어요.

기자 제주에 큰 흉년이 들었을 때 눈부신 활약을 펼쳤다고 들었습니다.

김만덕 굶주림에 죽어 가는 제주 백성들을 위해 장사를 하며 모아 온 재산을 아낌없이 내놓았지요. 전라도에서 쌀을 사다가 제주 사람들에게 나눠 줬어요.

기자 그 일이 정조 임금님께 전해져 한양으로 오시게 되었다고요.

김만덕 한양에 가서 임금님을 뵈었지요. 정조 임금님은 나를 내의원 의녀 반수로 임명했고, 금강산 구경도 시켜 주었어요.

기자 김만덕 거상은 제주에서 '제주의 할머니'로 기억되고 있습니다. 김만덕이라는 이름이 기억되는 것은 제주에서 손꼽히는 여성 사업가로 성공을 거두었기 때문만은 아니지요. 그보다는 오히려 애써 모은 재산을 어려운 이웃을 위해 아낌없이 나누어 준 훌륭한 마음씨 때문이라 할 수 있지요. 김만덕 거상이 앞으로도 좋은 일을 많이 해 주길 바랍니다.

1712년
백두산정계비를 세우다

1720년
붕당 대립이 극에 달한
가운데 숙종 사망하다

1776년
정조 즉위하다

1789년
실학자인 정약용이
관직에 진출하다

1794년
서용보가 고구마의
중요성을 알리는 글을
정조에게 올리다

1801년
순조가 관청에 딸려 있는
노비를 해방하다

1805년
신윤복, 〈처네 쓴 여인〉 그리다

흔들리는 신분 제도

❻

조선은 태어날 때부터 양반과 중인, 평민과 천민으로 신분이 엄격히 구분된 신분 사회였어.
그런데 조선 후기에 들어 오랫동안 조선을 지탱해 온 신분 제도가 그 뿌리부터 흔들렸어.
점점 양반의 수는 늘어나고, 평민과 노비의 수는 줄어든 거야.
조선의 신분 사회가 어떻게 달라졌는지 자세히 들여다볼까?

1861년
김정호,
〈대동여지도〉를 만들다

1862년
진주에서
농민 봉기가 일어나다

1864년
동학을 창시한 최제우,
처형되다

돈을 주고 사는 신분

조선 후기에 들어서자 돈을 많이 벌어 떵떵거리며 잘사는 평민이 나타났어. 새로운 농사 방법으로 성공한 부자 농민과 장사로 큰돈을 번 부자 상인이 등장했다는 건 분명히 예전과는 달라진 상황이었어. 예전에는 대개 양반이 부유하고, 평민이 부자가 되기는 힘들었거든.

부유한 평민들은 경제적 능력에 걸맞은 사회적 지위를 원했어.

"아무리 돈이 많아도 우리 처지는 평민에 불과하지 않은가? 여전히 양반에게 굽실거려야 하고, 평민이란 이유로 양반들은 내지도 않는 온갖 세금도 바쳐야 하지. 양반들은 안 가는 군대도 가야 하고 말이야."

"그러게 말이야. 돈도 많이 벌었고 남부럽지 않게 살게 되었는데, 우리라고 양반이 되지 말라는 법이 있어?"

부자가 된 평민들은 평민의 신분에서 벗어나 양반이 되고 싶어 했지. 이 무렵, 돈만 있으면 양반이 될 수 있는 방법이 여럿 있었어. 그중 하나가 바로 공명첩이야. 공명첩은 이름 쓰는 칸이 비어 있는 임명장이야. 나라에 돈을 낸 사람의 이름을 빈 칸에 쓰고 벼슬을 주었어.

　나라에서는 임진왜란과 병자호란이라는 두 차례의 큰 전쟁이 끝난 뒤 전쟁 피해를 복구하는 데 많은 돈이 필요했지만, 원하는 대로 세금을 걷을 상황이 아니었어. 전쟁으로 땅이 황폐해져 농민들이 농사짓기조차 힘들었기 때문이야. 그래서 부족한 나라 살림을 보충하기 위한 방법으로 공명첩을 이용해 돈을 받고 벼슬을 팔았던 거야.

　공명첩을 사는 것 말고도 불법적인 방법으로 신분 상승을 꾀하는 평민들이 많았어. 과거 시험 합격증을 사거나 위조해서 양반이 되는 경우도

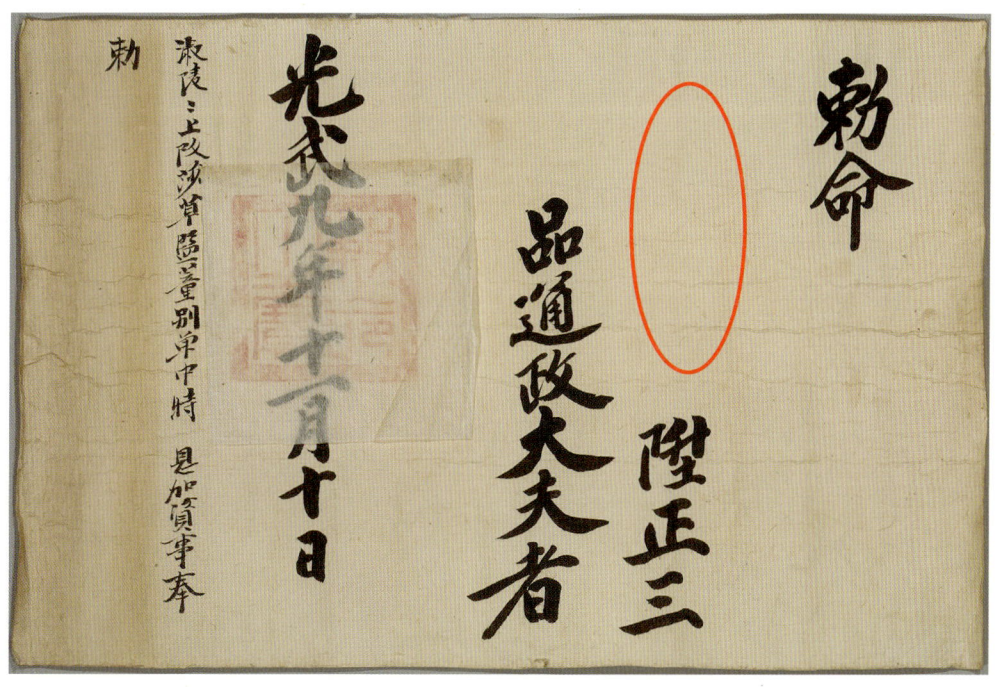

고종 때의 공명첩이야. 즉석에서 이름을 써 주기 때문에 벼슬 받는 사람의 이름을 쓰는 칸이 비어 있었어. 공명첩은 원래 임진왜란 때 무공을 세우거나 곡식을 바친 사람에게 주었지만, 나중에는 부족한 나라 살림을 메우기 위해 마구 남발했어.

있었지.

"과거 급제자의 이름을 가짜로 지어 내고 과거 합격증을 위조하면 감쪽같지."

돈을 주고 양반들의 족보를 사거나 위조하는 사람들도 많았어.

"저 양반은 빚이 많아 생활이 곤란한 모양이니 양반 자리를 더 이상 유지할 수 없을 거야. 이 기회에 저 양반의 족보를 사들여 나도 그럴듯하게 양반 행세 좀 해 봐야겠어."

이렇게 돈을 주고 가난한 양반 가문의 족보를 사들여서 자기 이름을 슬쩍 끼워 넣으면 감쪽같이 양반이 되는 거지.

"돈만 있으면 어엿한 양반 행세를 할 수 있고 세금도 내지 않으니 얼마나 좋아!"

이제 조선 사회는 신분이 아니라 돈이 더 중요한 세상이 되어 버렸어. 돈으로 양반 신분도 살 수 있었으니까 말이야. 이러한 사회 분위기 속에서 꿈쩍도 안 할 것 같던 신분 제도가 뿌리째 흔들리고 있었어.

여기도 양반, 저기도 양반 – 무너지는 양반의 지위

평민 가운데 양반의 신분을 얻은 사람들이 점점 많아지면서 평민의 수는 크게 줄어들고 양반의 수는 크게 늘어났어. 조선 전기에는 전체 인구의 10퍼센트도 안 되던 양반이 19세기 중반에는 무려 70퍼센트에 이를 정도였어.

상황이 이렇다 보니, 이웃에 살던 평민이 공명첩을 사서 하루아침에 양반이 되었다며 갓을 쓰고 도포 자락을 날리며 양반 행세를 하는 일이 아

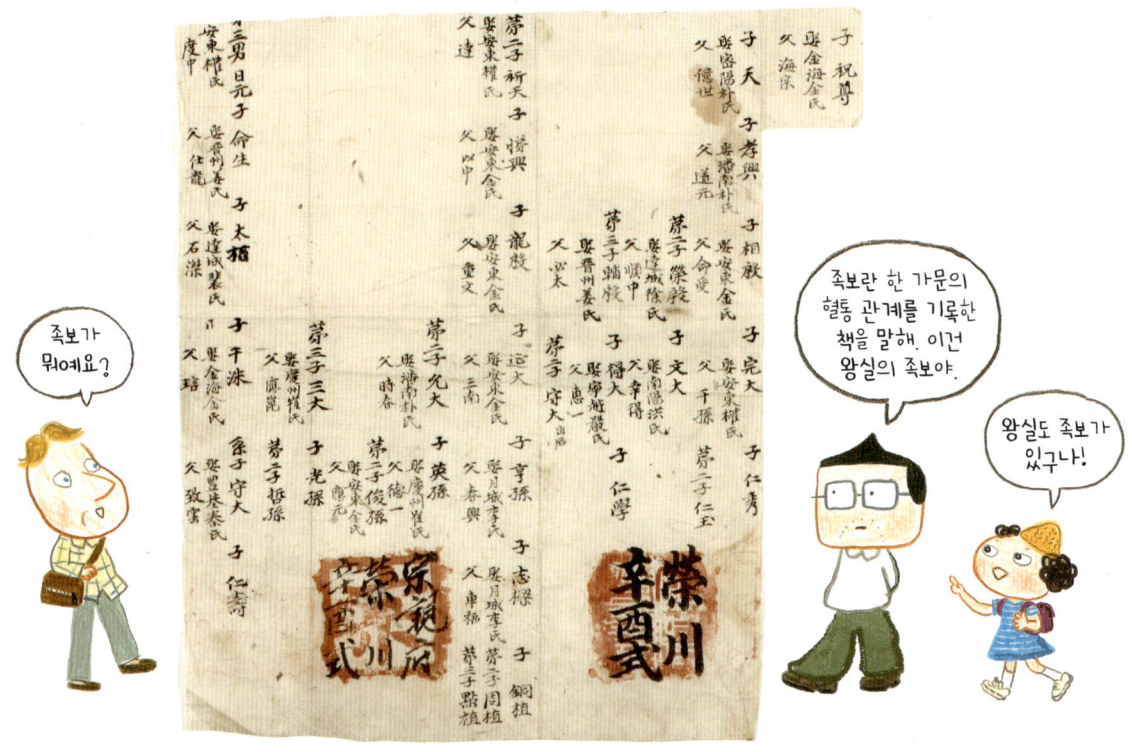
경상도 영천에서 작성한 왕실의 족보

주 흔했어. 상인이나 농민들도 서로 양반이라고 부르는 일이 예사였어.

너도나도 양반 행세를 하니, '흔해 빠진 게 양반'이라는 말까지 나왔지. 양반이 타고난 신분이 아니라 돈만 있으면 살 수 있는 지위로 여겨지게 되면서 양반의 권위는 크게 떨어질 수밖에 없었어.

하지만 더 중요한 건 양반들 중에서도 몰락하는 양반들이 생겨났다는 거야. 말만 양반이지 양반의 체면을 지킬 수 없을 정도로 가난한 시골 양반도 수두룩했거든. 부유한 평민보다 어려운 생활을 해서 양반이라고 내세우기도 민망할 정도였지.

몰락한 양반들 가운데는 글공부에서 손을 떼고 직접 농사를 짓고 베를 짜서 생활하는 사람도 있었어. 그런데 양반 체면에 죽어도 농사는 못 짓겠다는 사람들은 족보를 팔기도 했어. 어쨌든 먹고살아야 하니까 말이야.

사람들의 눈에 비친 양반은 백성들을 호령하는 예전의 양반이 아니었어. 무능하고 한심해 보이는 양반의 모습에서 권위를 찾아보긴 힘들었지.

서얼과 중인들의 신분 상승 운동

조선 후기에는 평민의 신분 상승과 더불어 서얼과 중인들의 신분 상승 운동도 활발하게 전개되었어. 특히 서얼들은 조선의 신분 제도에 대해 오

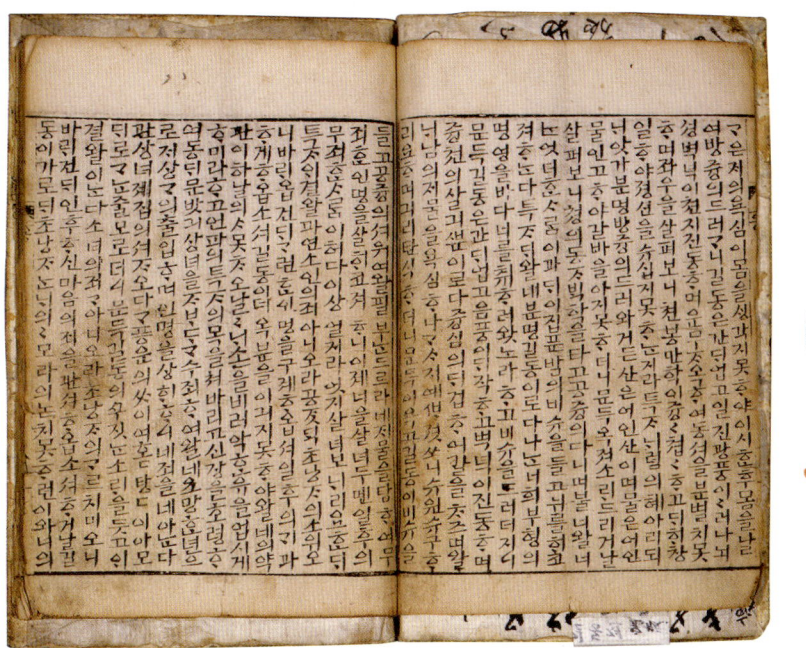

《홍길동전》은 최초의 한글 소설이야. 홍길동이란 의적을 주인공으로 하여 서얼 차별의 불합리함을 깨부수고 부패한 정치를 개혁하려는 내용을 담고 있단다.

랫동안 불만이 많았어. 서얼은 첩이 낳은 자식이라는 이유 때문에 양반의 자식이면서도 양반 대접을 받지 못했고, 아무리 똑똑해도 벼슬을 할 수도 없었거든.

《홍길동전》에는 홍길동이 서얼로 태어난 설움을 한탄하며 부르짖은 유명한 말이 있어.

"아버지를 아버지라 부르지 못하고, 형을 형이라 부르지 못하니 어찌 사람이라고 하겠습니까!"

홍길동의 이 말을 통해 조선 사회에서 서얼에 대한 차별이 얼마나 심했는지 짐작할 수 있을 거야.

조선 후기에 들어 서얼들은 신분 상승을 위해 많은 노력을 기울였어. 당시 나라에서 쌀이나 돈을 바치면 벼슬을 주는 정책을 펼쳤는데, 많은 서얼들이 이를 이용해 벼슬길에 오르기도 했어.

영조와 정조 때에는 서얼에 대한 차별을 없애 달라고 요구하며 적극적인 상소 운동도 펼쳤어.

"부디 서얼이라는 이유로 벼슬길에 나가지도 못하게 하는 차별을 없애 주시옵소서!"

영조는 서얼의 신분 상승 운동에 깊은 관심을 보였어.

"서얼이라고 차별하지 말 것이며, 능력이 뛰어나면 중요한 관직에 등용하도록 하라! 서얼도 아버지를 아버지로, 형을 형으로 부를 수 있게 하라! 이를 어기는 자는 법률로 다스리겠다."

영조의 뒤를 이은 정조도 서얼의 차별을 없애고자 했어.

"서얼도 나의 신하인데, 그들이 제자리를 얻지 못하고 포부도 펴지 못

한다면, 이 또한 과인의 허물이다."

정조는 박제가, 이덕무 같은 서얼 출신의 학자들을 규장각 관리로 등용해 능력을 발휘할 수 있게 해 주었지.

서얼들의 신분 상승 운동에 자극을 받아 중인들도 자신들에 대한 차별을 없애 달라고 적극적으로 요구하고 나섰어. 중인들은 전문적인 기술과 행정 능력이 뛰어남에도 불구하고, 양반에 가로막혀 높은 벼슬을 할 수 없었거든.

중인
양반과 평민의 중간에 해당하는 신분이야. 중인들은 하급 관리나 통역을 담당하는 역관, 병을 고치는 의관 등 주로 전문 기술직 일을 맡아서 했어.

동갑인 22명의 중인들이 모임을 갖는 장면을 그린 〈수갑계회도〉라는 19세기의 그림이야. 이 그림에서 볼 수 있듯이 중인들은 여가 시간에 모여서 시를 짓고 그림을 그리고 노래를 부르며 밤새 즐겼어.

"중인들은 실력이 뛰어나도 오를 수 있는 관직이 제한되어 있사옵니다. 이러한 차별을 없애 주시어 중인들도 능력에 따라 높은 관직에 오를 수 있도록 허락해 주시옵소서!"

하지만 중인들의 노력은 성공을 거두지 못하고 전문 기술직으로서 중요한 역할을 하고 있다는 사실을 드러내는 데 그쳤어.

노비들의 신분 상승

신분 제도의 변화는 최하층이었던 노비들에게서도 나타났어. 노비들의 신분 상승도 여러 방향에서 이뤄졌어.

노비가 전쟁 중에 적군의 목을 베는 공을 세우면 노비 신분에서 해방될 수 있었어. 그리고 나라에 돈이나 쌀을 바치고 노비 신분에서 벗어날 수도 있었어. 이 방법을 통해 노비 신세를 벗어난 사람들도 꽤 있었지.

합법적인 방법이 어려울 경우 노비들은 불법적인 방법을 통해 신분 상승을 꾀하기도 했어. 가장 쉽고 흔한 방법이 도망치는 거였어. 주인 몰래 도망쳐 다른 곳으로 가서 신분을 감추고 평민 행세를 하는 것이었지.

"도망쳐서 붙잡히지 않으면 노비 신분에서 벗어날 수 있고, 붙잡힌다고 해도 노비 신세로 그대로 살아가면 되니 까짓것 밑져야 본전이지, 뭐!"

조선 후기에 들어 먼 곳으로 도망가는 노비가 아주 빠르게 늘어났어.

나라에서도 노비를 평민으로 서서히 풀어 주는 정책을 펼쳤어. 왜 그렇게 했을까? 세금을 의무적으로 바쳐야 하는 평민을 늘려 부족한 나라 재정을 채우기 위해서였지. 평민이 줄고 세금을 안 내는 양반의 수가 늘어 나라 재정이 부족해지는 게 큰 문제가 되었기 때문이야.

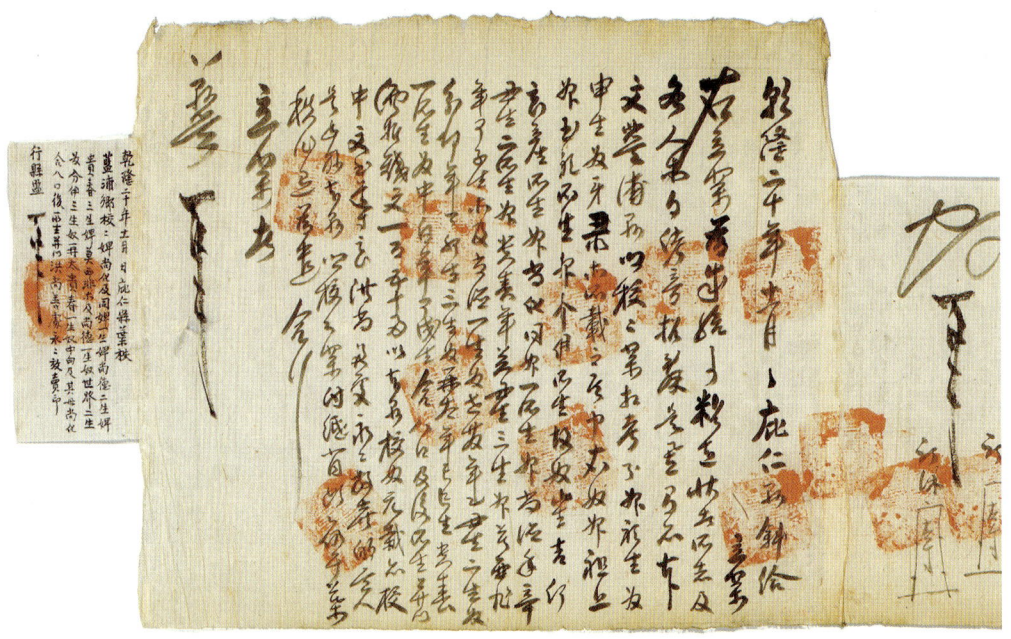

1755년 홍상선이라는 사람이 노비 여덟 명을 사면서 작성한 노비 매매 문서야. 이 문서의 뒷면에는 1778년에 이 노비들 중 네 명과 이후 태어난 두 명 등 모두 여섯 명을 돈을 받고 노비 신분에서 풀어 주었음을 증명하는 내용이 적혀 있어.

영조는 노비를 평민으로 신분을 개선시켜 노비 인구를 줄이기 위한 법을 만들었어.

"평민이 날로 줄어들어 나라 재정이 어려워지고 있다. 지금까지는 부모 중 한쪽이 노비이면 그 자녀도 노비였다. 하지만 이제부터는 아버지가 노비라도 어머니가 평민이면 어머니 신분을 따라 자녀가 평민이 될 수 있게 하겠다."

평민과 노비 사이의 혼인이 활발히 이루어지던 때여서 이 제도를 통해 평민이 된 노비가 많았어. 정조는 한 걸음 더 나아가 관청에 딸려 있는 노비를 아예 없애고자 했어. 정조가 준비해 온 정책은 정조가 죽은 뒤인 1801년 순조 때에 어느 정도 결실을 맺었어.

"임금은 신분의 귀함이나 천함을 구분하지 않고, 남녀도 구분하지 않고 모든 백성을 고루 균등하게 돌보아야 할 자식으로 여겨야 하느니라. 궁궐을 비롯한 관청에 소속된 노비를 모두 평민으로 삼도록 허락하노라!"

순조의 명에 따라 무려 6만여 명에 이르는 관청 노비가 노비의 신분에서 해방되었어. 1894년에는 개인이 사적으로 부리던 노비도 모두 해방되어 노비 제도는 역사 속으로 사라지게 됐지.

미국의 노예 해방

19세기에 접어들어 미국은 노예제를 둘러싼 남부와 북부의 갈등이 점점 더 깊어 갔어. 대부분의 북부 주에서는 18세기부터 이미 노예제를 없애기 시작했어. 공업이 발전한 북부에서는 더 이상 값싼 흑인 노예가 필요하지 않았거든. 하지만 농업 중심의 남부에서는 흑인 노예의 노동력이 필요해서 여전히 노예제를 법으로 인정하고 있었지.

그런 가운데 노예제 폐지를 찬성하는 링컨이 대통령에 당선되자, 노예제 폐지를 반대하는 남부의 여러 주가 1861년에 전쟁을 일으켰어. 이 전쟁을 '남북 전쟁'이라고 해. 전쟁은 처음에 남부에 유리하게 돌아갔지만 1863년 링컨 대통령이 노예 해방을 선언하자 남부의 노예들이 북부군에 가담하면서 전세가 역전되었어. 결국 남북 전쟁은 북부의 승리로 끝났어.

1865년 노예제를 완전히 금지하는 법이 의회를 통과하면서 미국에서 법률적으로 노예제가 사라지게 되었단다.

그것도 알고 싶다

조선 후기 여성들은 어떻게 살았을까?

조선 시대에 여성들은 어려서는 아버지를 따르고 결혼해서는 남편을 따르며 늙어서는 아들을 따라야 했어. 유교의 남녀유별은 남녀가 엄연히 다르다는 뜻인데 이것이 남녀 차별이 되고 말았어.

조선 전기까지만 해도 여성은 크게 차별받지 않았단다. 혼인 후에 남편이 처가에서 생활하는 게 흔한 일이었고, 부모가 죽으면 아들딸에게 재산을 똑같이 나누어 주었어. 재산을 같이 나누어 받는 만큼 제사도 형제가 돌아가면서 지내기도 했지.

그런데 조선 후기에 들어 양반 지배층 사이에서만 지켜지던 유교의 윤리가 일반 백성들의 생활에까지 깊숙이 뿌리를 내리게 되면서 모든 문화가 남성 중심으로 바뀌었단다. 이와 더불어 여성의 지위가 낮아졌고 남녀 차별이 두드러지게 나타나게 되었단다. 조선 후기에 접어들면서 결혼하면 여성이 남편 집에서 생활하는 것으로 혼인 풍습이 바뀌었어. '시집

충청남도 예산군에 있는 화순옹주의 열녀문. 그녀는 남편이 죽자 물 한 모금 안 마시고 죽음을 택했어. 영조의 둘째 딸인 화순옹주는 조선의 왕녀로는 유일한 열녀였대.

가다'라든가 '시집살이'라는 말이 생겨난 건 그리 오래되지 않았어. 여성을 출가외인으로 여기는 풍습이 자리 잡게 되면서 딸은 아들과는 달리 족보에 이름조차 못 올리게 되었어.

혼인 풍습뿐 아니라 재산 상속도 바뀌었단다. 제사는 반드시 맏아들이 지내야 했고, 재산 상속에서도 맏아들이 우대를 받았어. 딸과 맏아들 외의 다른 아들은 점차 재산 상속과 제사에 대한 권리를 잃어 갔지.

아들이 집안의 대를 이어야 한다는 의식이 널리 퍼지면서, 아들이 없는 집안에서는 양자를 들이는 것을 당연하게 여기게 되었단다.

여성들은 아무리 능력이 뛰어나도 사회 활동을 할 수 없었고, 집안일과 자녀 교육에만 전념해야 했어. '암탉이 울면 집안이 망한다.'라는 속담을 들어 본 적이 있을 거야. 남녀 차별이 두드러진 당시의 사회 모습을 잘 드러낸 속담이라고 할 수 있지.

그리고 여성의 재혼을 금지했기 때문에 남편이 죽으면 여성은 평생 혼자 살아야 했어. 재혼한 여성이 낳은 자식의 벼슬길을 막는 규정도 있었어. 자식의 앞날을 위해서라도 여성에게 재혼은 꿈도 못 꿀 일이었어.

심지어 남편을 잃은 부인이 남편을 따라 죽으면 나라에서는 열녀로 표창하며 정절을 굳게 지킨 여성으로 칭송했단다. 열녀는 가문의 영광으로 여겨졌지만 여성의 입장에서는 너무나 가혹한 운명의 굴레였지.

19세기 말~20세기 초에 제작된 〈평생도〉라는 여덟 폭 병풍 중에 아들의 돌잔치 장면을 묘사한 그림이야. 조선 시대에는 '칠거지악'이라 해서 아내를 내쫓을 수 있는 일곱 가지 허물이 있었는데, 그중에는 아들을 낳지 못하는 것도 들어 있었어.

그렇다면 남편은 어땠을까? 부인이 버젓이 있는데도 여러 여자를 첩으로 두는 것이 허용됐고, 아내가 죽은 뒤 1년이 지나면 얼마든지 재혼할 수 있었어. 그런데 여성에게는 남편이 죽은 뒤에도 온갖 사회적 제약과 차별을 두었으니, 여성에게 얼마나 불리한 사회 현실이었는지 짐작할 수 있을 거야.

1712년
백두산정계비를 세우다

1720년
붕당 대립이 극에 달한 가운데 숙종 사망하다

1776년
정조 즉위하다

1789년
실학자인 정약용이 관직에 진출하다

1794년
서용보가 고구마의 중요성을 알리는 글을 정조에게 올리다

1801년
순조, 관청에 딸려 있는 노비를 해방하다

1805년
신윤복이 〈처네 쓴 여인〉을 그리다

서민들이 가꾼 새로운 문화

7

조선 후기의 새로운 변화 속에서 백성들은 자신들만의 문화와 예술을 만들어 냈어.
이런 서민 문화는 양반 문화와는 다르게 자신들의 생각과 감정을 꾸밈없이 드러내고,
잘못된 사회 현실을 익살스러우면서도 날카롭게 비판하기도 했지.
서민 문화는 판소리와 탈춤, 한글 소설, 풍속화와 민화 등
문화 예술의 모든 분야에서 드러났어. 이제 그 모습을 자세히 살펴볼까?

1861년
김정호,
〈대동여지도〉를 만들다

1862년
진주에서
농민 봉기가 일어나다

1864년
동학을 창시한 최제우,
처형되다

나도 서당 간다!

조선 후기에 일어난 변화 중에 하나는 글공부를 하는 평민이 점점 늘어났다는 거야. 서당이 많이 생겨 교육을 받을 수 있는 기회가 확대되었기 때문이지. 서당은 지금의 초등학교와 같은 곳인데, 18세기 말에는 그 수가 무려 1만여 개가 넘었어.

서당은 마을에서 경제적으로 여유가 있는 사람이 훈장을 초빙해서 세우기도 하고, 마을 사람들이 공동으로 돈을 모아 세우기도 했어.

"우리 자식들도 서당 공부 좀 시켜 봅시다. 과거 시험을 볼 정도는 안 되더라도 글을 읽고 셈하는 것을 배워 두면 지금보다 나은 삶을 살지 않겠소?"

분명히 예전과는 달라진 변화였어. 하루하루 먹고살기도 힘든 일반 백성들에게 글공부는 꿈도 꾸지 못할 일이었지. 조선 시대에 글공부를 한다는 것은 양반만의 권리이고 특권이었거든. 그런데 이제 글을 배우고 익히려는 평민이라면 서당은 꼭 가야 할 곳이 된 거야.

김홍도의 〈서당〉

　사실, 부자가 된 평민들은 돈으로 양반 신분을 샀지만 진짜 양반 행세를 할 수는 없었어. 양반입네 하고 억지로 체면을 차리려 해도 글 한 줄 읽을 줄 모르는 이들이 적지 않았거든. 그래서 자식들만큼은 진짜 양반처럼 살게 해 주고 싶었지.
　"나는 못 배웠지만 너희들은 양반 노릇을 제대로 해야 한다. 그렇게 하려면 글을 배우고 익혀야 해. 서당을 다니면서 글공부에 힘쓰도록 해라."
　점점 더 많은 평민들이 서당에서 배운 지식으로 책도 읽고 제법 글도

쓸 수 있게 됐어. 양반이 아닌 서민들도 하고 싶은 말과 평소에 품었던 생각을 원하는 대로 표현할 수 있게 되었고, 세상과 사회를 비판할 수 있는 의식도 자라났지. 자신들의 생각을 표현할 수 있고 자신들만의 문화를 만들어 즐길 수 있을 만큼 성장한 서민들은 조선 사회를 변화시키는 또 하나의 주역으로 떠오르고 있었어.

민화와 풍속화의 발달

조선 후기에 들어 서민들도 즐길 수 있는 그림으로 민화와 풍속화가 크게 유행했어. 민화는 말 그대로 전문 화가가 아닌 일반 서민들이 그린 그림이지. 이름 모를 떠돌이 화가들이 그린 그림도 많았어. 그래서 예술적 수준은 그리 높지 않았어. 하지만 현세에서의 행복과 출세, 장수를 바라는 서민들의 감정을 있는 그대로 소박하게 담아냈지.

민화는 주로 벽에 걸거나 병풍으로 만들어 집 안을 아름답게 장식하는 데

19세기의 까치와 호랑이 그림. 까치와 호랑이는 우리 민화에 자주 등장하는 소재야.

썼어. 민화의 소재는 일상에서 가까이 볼 수 있는 해와 달, 나무, 꽃, 동물, 물고기 등이었어. 사람들은 나쁜 귀신을 쫓아 주는 호랑이 그림과 좋은 소식을 가져다주는 까치 그림을 좋아했어.

또 가정의 화목과 부부의 행복, 자손들의 번성을 바라는 그림도 유행했어. 알이 풍성하게 열린 석류 그림과 한 쌍의 원앙새 그림 등은 그러한 서민들의 소박한 소망을 솔직하게 표현해 주었어.

조선 후기 그림에서 보이는 또 하나의 중요한 흐름은 풍속화의 유행이야. 평범한 서민들의 일상생활을 꾸밈없이 그린 그림을 풍속화라고 해.

풍속화 하면 김홍도가 가장 먼저 떠오를 거야. 김홍도는 산수화와 인물화를 잘 그리는 빼어난 궁중 화가였지만, 서민들의 다양한 모습을 정겹고 유쾌하게 그린 풍속화에도 재주가 아주 뛰어났어.

김홍도의 그림을 한 번쯤은 본 적이 있을 거야. 앞에서 본 서당 그림에서 알 수 있듯이 김홍도의 그림은 마치 그림 속 인물들이 살아 움직이며 이야기를 건네는 듯 착각에 빠질 정도로 생생하게 그려져 있어.

김홍도와 쌍벽을 이룬 풍속화가로 신윤복이 있어. 김홍도가 소탈하고 익살맞은 서민들의 모습을 주로 그린 것에 비해, 신윤복은 그네 뛰는 여인, 빨래하는 아낙네, 기생 등 천대 받는 여성들을 많이 그렸어. 붉은색, 파란색, 노란색 등 화려하고 다양한 색을 사용하여 섬세하고 부드럽게 그려 낸 것도 신윤복 그림의 특징이지.

양반 대신 밭을 가는 농부들, 장사하는 상인들, 물 긷는 아낙네 등 평범한 서민들이 그림의 주인공으로 등장했다는 것은 그만큼 서민 문화가 성장했음을 보여 주는 변화야.

한글 소설에 빠지다

　조선 후기에는 서민들이 즐기는 다양한 한글 소설이 유행했어. 대표적으로 《홍길동전》, 《심청전》, 《춘향전》 등이 인기를 끌었지. 한글 소설은 양반들의 잘못을 꼬집거나 사회 문제를 비판하는 내용을 담고 있었어. 사람들은 현실을 뛰어넘는 소설 속 이야기에 아주 열광했지.

　한글 소설이 큰 인기를 끌자, 소설책을 갖고 다니며 팔거나 돈을 받고 빌려 주는 사람도 있었어. 장터 주변을 오가며 책 빌리는 곳에서 한글 소설을 잔뜩 빌려 왔다가 남편에게 혼난 아낙네도 있었어.

　"한 달 내내 베틀로 짠 옷을 팔아서 그 돈으로 양식을 사는 대신 책을 빌려 왔단 말이요? 소설에 미쳐서 제정신이 아니구려."

　양반집 여인들도 한글 소설에 푹 빠져 있어 양반 사대부들의 불만이 컸다고 하니, 한글 소설의 인기가 얼마나 대단했을지 짐작할 수 있을 거야.

　그런가 하면, 사람들이 많이 모이는 시장이나 길거리에서 소설을 읽어 주며 돈을 버는 전문적인 이야기꾼도 등장했어. 이야기꾼이 마치 연극을 하듯 몸짓과 표정을 섞어 소설을 실감 나게 읽어 주면, 그 재미에 빠져들지 않을 사람이 없었지. 사람들이 이야기를 듣는 재미에 쏙 빠져들 무렵, 이야기꾼이 갑자기 이야기를 멈추었어. 사람들은 다음 이야기가 궁금해 안달이 나서 동전을 던져 주며 소리쳤지.

　"옛소, 여기 한 푼이요! 애간장 태우지 말고 어서 빨리 이야기해 주쇼. 그다음은 어떻게 되는 거요?"

　사람들이 여기저기서 동전을 던져 주면 이야기는 다시 이어졌어. 이야기꾼은 사람들의 반응에 따라 이야기를 슬쩍 바꾸거나 새로운 내용을 꾸

며 넣어 재미를 더했어. 재미있다는 소문이 나면 돈을 받고 부잣집에 초대되기도 했지.

흥겨운 판소리와 탈춤 한마당

판소리와 탈춤도 서민들이 즐긴 문화에서 빼놓을 수 없어.

판소리는 광대가 나와서 노래도 부르고 손짓과 발짓을 곁들이며 한 편의 이야기를 엮어 가는 공연이야. 판소리는 주로 사람들이 많이 모이는 장터나 농촌 마을에서 공연이 펼쳐졌어. 〈춘향가〉, 〈심청가〉, 〈흥부가〉 등이 큰 인기를 끌었단다. 북소리 장단에 맞춰 목청 좋은 소리 광대가 노랫가락을 들려주면 구경꾼들도 추임새로 함께 어울렸지.

"얼쑤! 좋다! 허이, 허이!"

구성진 노랫가락에 추임새를 맞추다 보면 몇 시간씩 공연이 이어져도 지루할 틈이 없었어. 주로 한글 소설의 줄거리를 노랫가락에 실어 불렀으니 훨씬 흥미로웠지. 판소리가 재미있다는 소문이 나면서 양반들도 잔치

〈평양도〉 중에서 판소리 공연 장면이야. 명창 모흥갑의 이름이 그림에 표시되어 있고, 멍석 위에 선 소리꾼, 앉아서 북을 치는 고수, 이를 지켜보는 관객 등이 잘 묘사되어 있어.

가 있으면 판소리꾼을 불러 즐기기도 했어.

　판소리보다 서민들의 생각과 감정을 잘 표현한 놀이 문화는 탈춤이었어. 탈춤은 탈을 쓰고 춤을 추는 것을 말해. 탈놀이라고도 하지. 서민들은 맨 얼굴로 할 수 없던 이야기를 탈을 쓰고 거침없이 뱉어 냈어.

　탈춤놀이는 주로 장터에서 열렸어. 상인들이 시장으로 손님을 끌기 위해 탈춤 판을 벌였거든. 장터에 탈춤 판이 벌어지는 날이면 사람들이 구름처럼 몰려들었어.

탈춤에서 말뚝이는 양반을 조롱하는 역할을 맡고 있어.

탈춤에서 양반집 종 말뚝이가 양반 세 사람을 이끌고 등장하면서 하는 이야기 좀 들어 볼래?

말뚝이 쉬~ 양반들 나오신다! 삼정승 육판서를 다 지내고 퇴직하신 양반일 줄 알지 마시오. 개잘량이라는 '양'자에, 개다리소반이라는 '반'자를 쓰는 양반이 나오신단 말이오.
양반 야, 이놈아! 뭐가 어쩌고 어째?

여기저기서 구경꾼들의 웃음이 터져 나왔어. 개다리소반이 볼품없는 양반을 조롱하는 말인 걸 알아차린 거지. 개다리소반은 다리 모양이 개의 다리처럼 구부정하고 볼품없는 모습을 일컫거든. 말뚝이가 양반들을 이리저리 비꼬고 놀리다가 마침내 양반들에게 호통을 쳐.

말뚝이 네 이놈들, 말 듣거라. 너희들의 죄를 말하자면 능지처참할 것이지만, 차마 죽이지 못하고 특별히 용서할 것이니 이 길로 돌아가서 백성들을 사랑하고 농민들을 도우렷다!

이 대목에서 구경꾼들의 통쾌한 박수가 터졌어. 이렇게 서민들은 탈놀이를 통해 그동안 억눌러 왔던 양반에 대한 불만과 억울함을 맘껏 토해 냈던 거야. 그러면서 현실의 벽을 넘어 양반과 상놈의 구별 없는 평등한 세상을 바랐지.

우리 풍속화와 일본의 우키요에

우리나라에 김홍도, 신윤복으로 대표되는 풍속화가 있다면 일본에는 우키요에가 있어. 우키요에의 '우키요'는 덧없는 세상, 속세를 뜻하고 '에'는 그림을 뜻하는 말이야. 우키요에는 14~19세기에 유행한 풍속화로, 서민 생활을 바탕으로 한 그림이란다. 직접 종이에 그린 것도 있지만, 일반적으로는 채색 목판화야. 그 시대 사람들의 생활과 풍속을 그려 역사적인 의미를 지니고 있으며 화려한 색채와 현란한 기법으로 예술적 가치도 높이 평가받고 있어.

우키요에를 그린 수많은 화가들 중에 특히 10개월 남짓 활동하며 140여 점의 작품을 남기고 갑자기 사라진 도슈사이 샤라쿠가 우리나라 사람들의 관심을 받았어. 그가 사실은 정조의 명령으로 조선에서 건너간 김홍도라는 주장 때문인데, 이건 그저 '설'일 뿐 사실로 확인되지는 않았어.

우키요에는 당시 유럽에서 주목을 받았고 빈센트 반 고흐나 클로드 모네 같은 화가들에게 영향을 주기도 했어.

높은 파도가 밀려오는 장면을 묘사한
가츠시카 호쿠사이의 작품

배우의 모습을 묘사한
도슈사이 샤라쿠의 작품

미술관 견학

김홍도와 신윤복의 풍속화

조선 시대에 사람들이 어떻게 살았는지 궁금하다고?
그럼 김홍도와 신윤복이 남긴 풍속화를 봐.
서민들이 사는 모습을 있는 그대로 생생하게 보여 주는 그림들이야.

김홍도

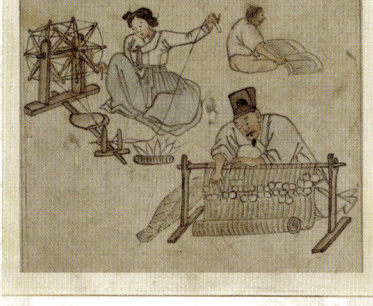

김홍도의 〈자리짜기〉
방 안에서 남편은 돗자리를 짜고 아내는 물레를 돌려 실을 잣고 있어. 뒤에서 글을 읽는 아이까지 가족 모두 각자 해야 할 일을 열심히 하고 있어.

김홍도의 〈벼 타작〉
볏단을 통나무에 내리치며 타작을 하는 농부들의 모습을 뒤에서 양반이 지켜보고 있어. 농부들은 노래를 부르며 고된 일을 신나게 하고 있어.

김홍도의 〈나들이〉
나들이를 가는 부부 가족과 나귀를 탄 풍류객이 엇갈려 지나가는 순간을 잘 포착해서 그렸어.

김홍도의 〈씨름〉
김홍도 풍속화의 대표작으로 안간힘을 쓰며 겨루는 씨름꾼들과 빙 둘러앉아 씨름 구경을 하는 사람들의 표정과 자세가 너무나도 생생해 보여.

신윤복

신윤복의 〈처네 쓴 여인〉
처네, 즉 쓰개치마를 쓴 여인이 벽이 무너지는 낡은 집이 있는 골목길을 걷고 있어. 여인의 얼굴은 보이지 않지만 왠지 쓸쓸한 표정을 짓고 있을 것 같아.

신윤복의 〈연못가의 여인〉
초여름날 오후, 한 여인이 별당의 툇마루에 앉아 연꽃을 바라보고 있어. 한 손에는 생황이라는 악기를 들고 다른 손에는 담뱃대를 든 이 여인은 기생이야. 구도와 색감이 뛰어난 신윤복의 걸작이야.

신윤복의 〈저잣길〉
머리에 생선 함지박을 이고 채소가 든 망태기를 옆구리에 낀 여인이 다른 여인과 이야기를 나누고 있어. 생활력 강한 서민 여성을 묘사한 그림이야.

신윤복의 〈전모를 쓴 여인〉
〈처네 쓴 여인〉과는 반대로 전모를 쓰고 얼굴을 다 드러낸 채 걷는 여인의 모습이 당당하고 활달해 보이지?

1712년
백두산정계비를 세우다

1720년
붕당 대립이 극에 달한
가운데 숙종 사망하다

1776년
정조 즉위하다

1789년
실학자인 정약용이
관직에 진출하다

1794년
서용보가 고구마의
중요성을 알리는 글을
정조에게 올리다

1801년
순조, 관청에 딸려 있는
노비를 해방하다

1805년
신윤복, 〈처네 쓴 여인〉 그리다

⑧ 조선 문화의 꽃이 피다

조선 후기에는 사회와 경제생활에서 많은 변화가 있었지. 이와 함께 문화에서도 새로운 기운이 넘쳐났어. 우리 역사와 지리, 우리말과 글에 대한 연구가 활발해지면서 우리만의 문화를 꽃피우려는 움직임이 나타난 거야. 이와 함께 조선이야말로 동아시아의 문화 중심국이라는 자부심도 높아졌지.

1861년
김정호가
〈대동여지도〉를 만들다

1862년
진주에서
농민 봉기가 일어나다

1864년
동학을 창시한 최제우,
처형되다

우리 것에 대한 연구

조선 후기에 일어난 여러 변화 가운데 눈에 띄는 것은 우리 것에 대한 관심이 높아졌다는 거야. 중국 중심의 생각에서 벗어나 여러 분야에서 우리 것에 대한 연구가 활발하게 이뤄졌지.

먼저, 우리말과 문자에 대해 독창적인 연구가 이루어졌는데, 대표적인 인물로 유희를 들 수 있어. 유희는 《언문지》에서 한자에 밀려 늘 뒷전이던 한글을 연구하여 우리 한글이 한자보다 얼마나 뛰어난지 과학적으로 설명했지.

"한문에 비해 한글은 문자 체계가 짜임새가 있어 배우기 쉬울 뿐 아니라, 글자 수가 적어 잘못 쓰이지도 않고, 잘못 읽히는 수도 없다."

실학자인 신경준은 《산경표》에서 우리 국토의 근육과 뼈대가 되는 산줄기에 대해 연구했어. 백두산을 중심으로 동서남북으로 뻗친 산줄기를 체계적으로 정리하고 산줄기에 이름을 붙였지.

정조 때 병조좌랑이라는 관직을 지냈고 학자로도 이름이 높은 정약전은

정약전의 《자산어보》　　　　유득공의 《발해고》

　《자산어보》에서 흑산도 연해의 물고기와 바다 생물에 대해 본격적으로 연구하기도 했어. 이전까지만 해도 우리나라 해양 생물에 대해 쓴 책들은 대부분 중국 책을 베껴 정리한 것들이라서 조선의 해양 생물에 대해 자세하고 정확한 지식을 얻을 수 없었는데, 《자산어보》는 우리 역사에서 최초로 우리나라 바다 생물을 연구한 책이었어.

　우리 역사에 대한 관심도 빼놓을 수 없어. 유득공은 최초로 발해의 역사에 관심을 갖고 《발해고》를 썼어. 발해가 고구려 후손들이 세운 나라임을 밝히고 최초로 남북국 시대를 주장했단다.

"발해까지 우리 역사에 넣어 남북국 역사를 썼어야 하는데 그렇지 않았다. 발해를 세운 대씨는 어떤 사람인가. 바로 고구려 사람이다. 발해가 차지하고 있던 땅은 어떤 땅인가. 바로 고구려의 땅이었다."

유득공은 고려가 발해의 역사를 제대로 기록하지 못한 것을 비판하며 통일 신라와 발해의 역사를 균형 잡힌 시각으로 보려 했어.

과학의 발달

조선 후기에 들어 과학에 대한 관심도 높아졌어. 우리나라 천문학의 아버지로 불리는 조선 후기 과학자가 있어. 바로 홍대용이야.

홍대용은 중국을 드나들며 서양의 새로운 과학 이론에 눈을 떴고, 혼천의라는 천문 관측기구를 직접 만들어 자신의 개인 천문 관측소에 설치해 직접 천체를 관측했어. 이를 바탕으로 지구는 둥글고 스스로 돌고 있다는 지전설을 주장했어.

"지구는 하루에 한 바퀴 스스로 돌고 있다. 그 속도는 번개나 포탄보다 빠르다."

홍대용의 관심은 지구를 넘어 우주까지 이어졌어.

"은하는 하늘에 있는 하나의 큰 세계이다. 은하 세계와 같은 것이 몇천, 몇만, 몇억이나 되는지 알 수 없다. 오직 지구만이 하늘의 중심에 있다는 것은 있을 수 없는 일이다. 모든 별들은 돈다. 어떤 별이든 중심이 될 수 있다."

지전설
지구 자전설이라고도 하지. 조선 후기의 학자 김석문과 홍대용은 지구가 하루 한 번씩 자전한다고 주장했어.

홍대용의 과학 이론은 당시 사람들에게 중국 중심의 생각에서 벗어나 더 넓은 눈으로 세상과 우주를 바라볼 수 있게 해 주었어.

"아하! 지구가 돌고 있다면 세상에서 중심이란 것이 따로 있는 게 아니지. 모두가 중심이 될 수 있어. 어디를 기준으로 하느냐에 따라 중심은 바뀔 수 있으니까 조선도 얼마든지 세상의 중심이 될 수 있지."

지구가 스스로 돌며 우주의 모든 별이 중심이 될 수 있다는 것을 알게 되면서 중국이 천하의 중심이라는 사람들의 생각이 서서히 바뀌게 됐어.

김정호의 〈대동여지도〉

조선 후기에는 우리 국토와 지리도 주목하게 되었어. 조선 땅에 대한 관심이 높아지면서 조선이 중심이 되는 지도를 그리기 시작한 거야. 가장 대표적인 것이 김정호의 〈대동여지도〉란다. '대동여지도'라는 말은 '큰 조선의 전국 지도'라는 뜻이야.

김정호는 어릴 때부터 지도에 관심이 많았어. 틈만 나면 지도 그리는 게 취미였지. 그는 성장해 가면서 정확한 지도 그리기에 일생을 바치기로 결심했어.

"국토를 제대로 알아야만 나라 발전도 가능하고 국방도 튼튼히 할 수 있어. 누구나 한 손에 들고 다니며 조선 각 지방에 대한 정보를 한눈에 볼 수 있는 지도를 반드시 만들 테다."

김정호는 당시 전해 오는 지도들을 수집했어. 더 정확하고 자세한 지도를 만들기 위해 수집된 지도를 꼼꼼히 비교해서 잘못된 점을 고치고 빠진 부분을 채워 넣었어. 그리고 서양의 뛰어난 지도 제작 기술과 방법도 연구했지.

　김정호는 수많은 도전과 오랜 노력 끝에 1861년 마침내 〈대동여지도〉를 완성했어.

　〈대동여지도〉는 세로가 약 6미터, 가로가 약 4미터의 크기로, 모두 펼쳐 놓으면 3층 건물 정도의 높이가 돼. 이렇게 큰 지도를 세로로 22단으로 나눠 병풍처럼 접을 수 있게 만들었어. 이것을 다 접으면 책과 비슷한 크기가 되기 때문에 한 손에 들고 다니며 편리하게 이용할 수 있었지.

　〈대동여지도〉는 실제 거리를 약 16만분의 1로 줄여 만든 지도였어. 산

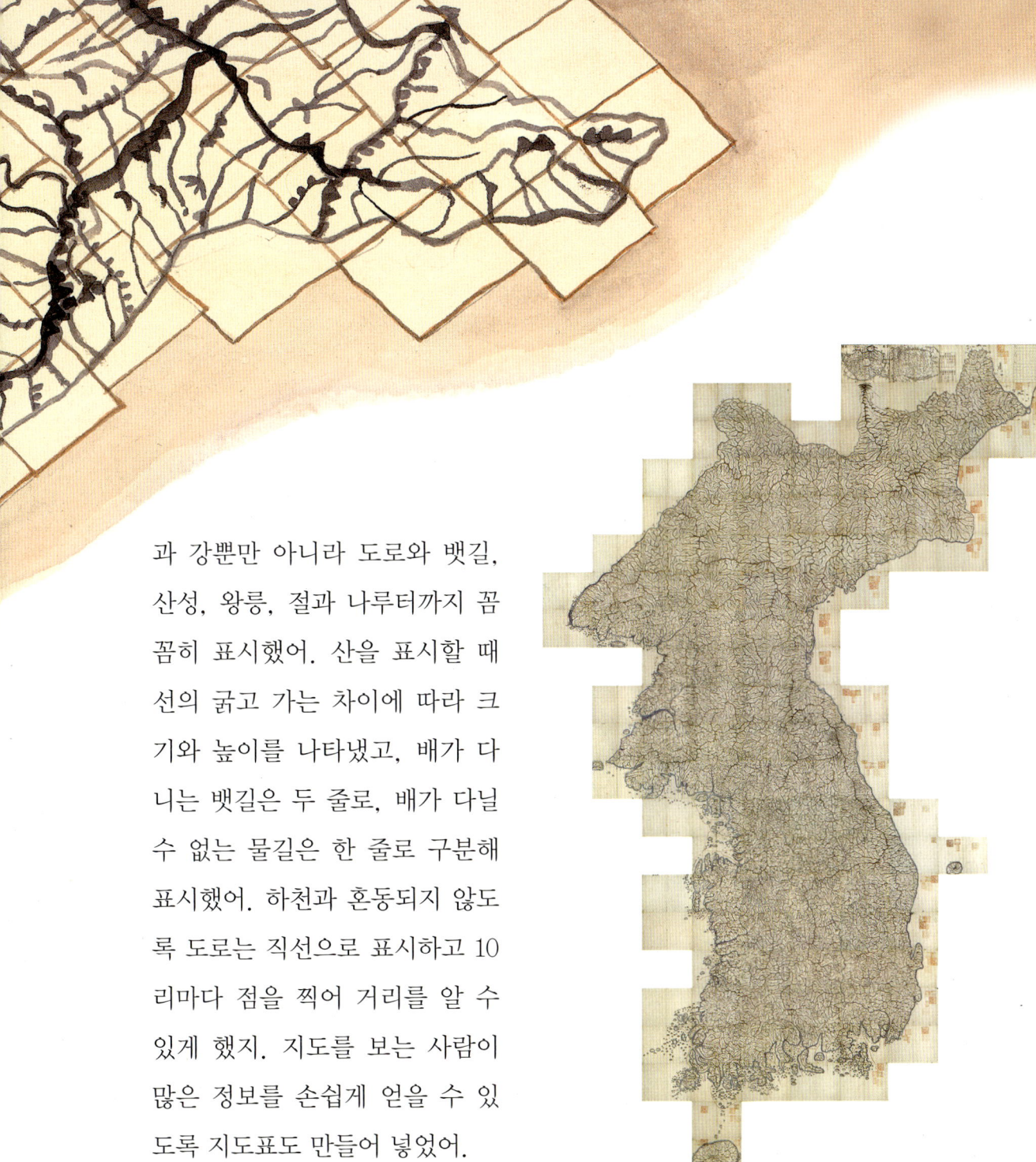

과 강뿐만 아니라 도로와 뱃길, 산성, 왕릉, 절과 나루터까지 꼼꼼히 표시했어. 산을 표시할 때 선의 굵고 가는 차이에 따라 크기와 높이를 나타냈고, 배가 다니는 뱃길은 두 줄로, 배가 다닐 수 없는 물길은 한 줄로 구분해 표시했어. 하천과 혼동되지 않도록 도로는 직선으로 표시하고 10리마다 점을 찍어 거리를 알 수 있게 했지. 지도를 보는 사람이 많은 정보를 손쉽게 얻을 수 있도록 지도표도 만들어 넣었어.

　이렇게 해서 완성한 〈대동여지

놀라울 정도로 정확한 〈대동여지도〉

도〉는 조선뿐 아니라 동양에서 전통적인 기법으로 만든 지도 가운데 가장 정밀하고 완성도가 높은 지도로 평가받고 있어.

〈대동여지도〉를 잘 살펴보렴. 얼마나 정성을 들여 정밀하고 체계적으로 만들었는지 감탄하게 될 거야.

그런데 김정호의 생애에 대해서 알려진 것이 별로 없어. 이 때문에 그를 둘러싼 오해도 많아. 심지어 일제 강점기에 일본은 〈대동여지도〉를 본 흥선 대원군이 지도를 불사르고 김정호를 옥에 가둬 죽였다고 주장하기까지 했어.

"조선 민족은 제대로 된 지도 하나도 만들지 못하다가, 그나마 김정호라는 훌륭한 사람이 전국을 돌며 갖은 고생 끝에 지도를 만들었더니 멍청한 조선의 지배층이 그 가치를 알아보지 못하고 죽였다."

이 말은 사실이 아니야. 일본이 이처럼 전혀 근거 없는 주장을 한 건 일본의 지배를 받아야 할 만큼 조선 민족이 한심하고 열등하다고 말하고 싶었던 것이지.

〈대동여지도〉를 만든 김정호의 위대함과 노고를 제대로 이해하는 일이야말로 우리 민족의 훌륭한 문화유산을 지키고 알리는 시작일 거야.

우리의 산과 들을 화폭에 담다 – 진경산수화의 발달

조선 후기에 들어 아름다운 우리 자연을 직접 보고 있는 그대로 그리는 새로운 화풍이 나타났어. 이를 '진경산수'라고 하고, 진경산수로 그린 그림을 '진경산수화'라고 해. 쉽게 설명하자면, 진경산수화란 진짜 경치를 직접 보고 그린 산수화야. 진경산수화로 유명한 화가로는 정선을 꼽을 수 있어.

정선은 가난한 양반 가문에서 태어났어. 열네 살 때 아버지를 잃은 뒤 생활이 어려워지자 과거 공부를 포기하고 전문적인 화가의 길로 들어섰어. 양반으로서 그림을 그린다고 하니 주위에서 비난하는 사람들도 많았지. 온갖 편견과 비난에도 불구하고, 정선은 그림에 대한 열정을 포기하지 않았어.

서른여섯 살에 처음 금강산을 여행한 뒤, 정선의 그림은 달라졌어. 발로 밟고 눈으로 본 아름다운 금강산은 그림에 대한 정선의 생각을 완전히 바꾸어 놓았지.

정선의 〈금강전도〉 정선은 이 그림 위에 "발로 밟아서 두루 다녀 본다 하더라도 어찌 베갯머리에서 이 그림을 마음껏 보는 것과 같겠는가!"라고 썼어.

"우리 자연이 이렇게 아름답다는 것을 예전엔 몰랐구나. 지금까지 나는 보지도 못한 중국의 산과 들을 모방하는 그림을 그리느라고 시간을 헛되이 보냈어. 이제 중국의 틀에서 벗어나 조선의 산과 들을 조선 사람의 눈으로 보고 조선의 마음으로 그릴 테다."

　이전까지만 해도 우리나라 산수화에 등장하는 산과 들은 대부분 중국의 산과 들이었고, 그림 속의 인물도 중국 사람이었어. 그것도 직접 중국의 경치를 보고 그린 게 아니라 중국의 그림을 보고 상상 속의 경치를 그림으로 그렸던 거야. 중국의 그림을 모방한 것이니, 당연히 조선만의 독특한 특색이 별로 없었지. 정선은 그러한 흐름을 바꾸어 놓았어.

　정선은 좋은 그림을 그리기 위해 아름다운 경치가 있는 곳이면 먼 곳도 마다하지 않고 찾아다녔어. 전국의 유명한 산과 강을 안 가 본 곳이 없었지. 정선은 눈앞에 펼쳐진 우리 자연을 직접 눈으로 보고 독특하게 재구성하여 조선의 아름다움을 독창적인 그림으로 표현해 냈어. 이렇게 해서 진경산수라는 새로운 화풍을 탄생시킨 거야.

　우리나라 방방곡곡을 정선만큼 샅샅이 찾아다닌 사람도 드물 거야. 정선이 쓰다 버린 붓을 쌓으면 무덤 하나를 만들 정도였고, 평생 신어 없앤 신발이 2천 켤레가 넘었다고 하니 그림에 대한 정선의 뜨거운 열정을 짐작할 수 있을 거야. 살아서 움직이는 것 같은 느낌을 주는 정선의 그림은 바로 우리 자연에 대한 그의 뜨거운 애정에서 나온 것이었어.

중국에 온 유럽 인이 만든 세계 지도, 〈곤여만국전도〉

1602년 세계에 대한 중국인의 생각을 확 바꿔 놓은 세계 지도가 중국에서 만들어졌어. 당시 중국에서 활동한 이탈리아 선교사 마테오 리치가 명나라 관리 이지조와 함께 만든 〈곤여만국전도〉야. 〈곤여만국전도〉는 지구가 둥글다는 생각을 바탕으로 전 세계를 둥근 타원형의 화폭에 담았어. 지도에는 아시아, 유럽, 아프리카뿐 아니라 아메리카 대륙과 태평양, 그리고 남극과 오세아니아 대륙까지 그려져 있어. 그리고 적도와 함께 위도와 경도를 구분해서 표시했고, 북회귀선과 남회귀선도 그려 넣었으며, 위도별로 밤과 낮의 길이가 어떻게 변하는지, 그리고 일식과 월식의 원리 등도 설명해 놓았어. 그야말로 우주, 천문, 지리, 자연에 이르기까지 당시의 모든 지리 정보와 자연 과학 지식을 이 하나의 지도에 다 담았지.

이 세계 지도는 조선에서도 베껴 그리거나 목판 인쇄를 하기도 했어. 그중 대표적인 것이 1708년에 베껴 그린 〈곤여만국전도〉로, 이 지도는 조선 시대에 제작한 가장 아름다운 세계 지도로 높이 평가받고 있어.

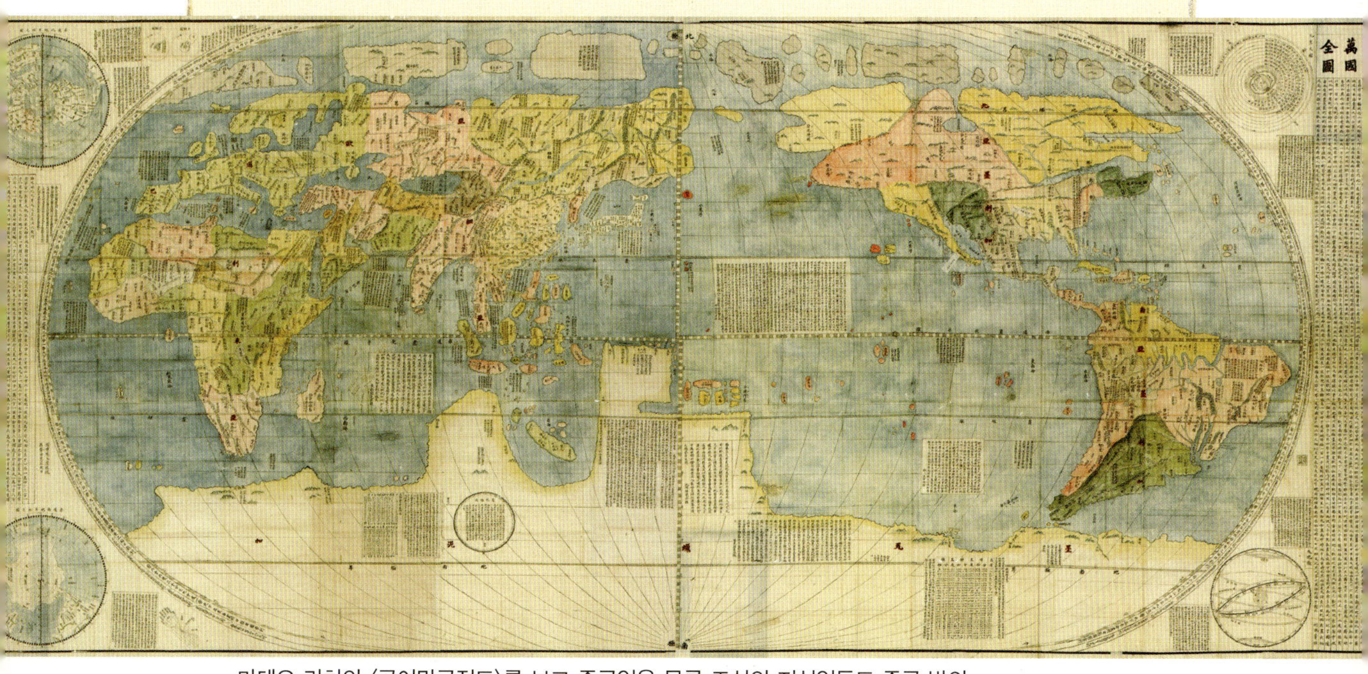

마테오 리치의 〈곤여만국전도〉를 보고 중국인은 물론 조선의 지식인들도 중국 밖의 넓은 세계에 눈을 뜨게 되었어.

집중 탐구

조선 시대 기록 문화의 꽃, 조선 왕조 의궤

의궤는 조선 시대 국가와 왕실의 주요 행사가 어떻게 이루어졌는지 글과 그림으로 기록해 놓은 책이야. 이 기록을 참고하여 나라의 주요 행사를 유교적 절차에 따라 잘 치르도록 하는 것이 의궤를 만든 가장 중요한 목적이었어.

왕의 즉위식과 행차, 왕실 잔치, 궁궐 건축 등이 모두 의궤로 기록되었어. 주요 행사가 있을 때마다 준비 과정부터 마무리까지 모든 절차를 빠짐없이 글로 정성껏 적고, 천연 염료로 곱게 색칠한 그림까지 곁들였어. 지금도 의궤를 통해 당시의 행사를 그대로 진행할 수 있을 정도로 자세하게 기록돼 있단다.

특히 정조 때 만든 《원행을묘정리의궤》와 《화성성역의궤》가 가장 뛰어난 것으로 손꼽혀. 정조는 기록 문화에 깊은 애정을 갖고 있었어.

"조선의 문화가 세계 문화의 중심이 돼야 한다. 문명의 바탕은 기록에 있는 법이니, 나라의 모든 행사를 정확하게 기록으로 남기도록 하라!"

정조의 화성 행차를 그린 그림으로 의궤에도 실려 있어.

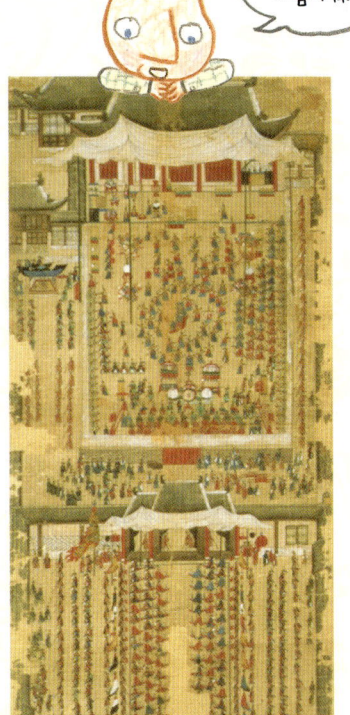

부러풀!

그림이 세밀하면서도 아름다워!

《원행을묘정리의궤》는 1795년에 열린 정조의 어머니 회갑연과 정조의 화성 행차 과정을 기록한 거란다. 행렬 모습, 행차에 쓰인 깃발, 참여한 사람들의 옷뿐 아니라 행사 중에 먹은 음식의 종류와 재료, 음식의 높이까지 낱낱이 기록해 놓았어. 덕분에 그 시대의 궁중 음식을 그대로 되살릴 수 있었단다.

《화성성역의궤》는 건물의 위치와 구조, 재료 등 화성 건설의 모든 것이 세밀하게 기록돼 있어. 공사를 감독하는 관리와 전문 기술자는 말할 것도 없고, 평범한 일꾼의 이름까지 하나하나 빠짐없이 기록돼 있어.

일꾼들의 이름 중에는 강아지처럼 생겼다고 엄강아지, 부엉이처럼 눈이 나왔다고 이부엉, 혹이 있다고 이혹불, 뚱뚱하고 느림보라고 박뭉투리, 일을 잘해 기특하다고 김기특, 10월에 태어났다고 박시월쇠 등도 있어. 참 정겹고 재미

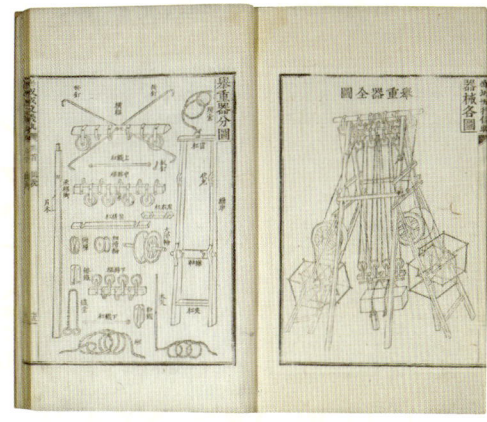

《화성성역의궤》는 화성 성곽 축조에 대한 기록이야.

있는 이름이지? 신분의 높고 낮음에 관계없이 행사에 참여한 평범한 백성들까지 기록해 놓은 선조들의 철저한 기록 정신을 엿볼 수 있어.

조선 왕조 의궤는 그 역사적, 문화적 가치를 세계적으로 인정받아 2007년 유네스코 세계 기록 유산으로 지정되었어.

> 세계적인 기록 유산을 물려주신 선조들이 정말 자랑스러워요.

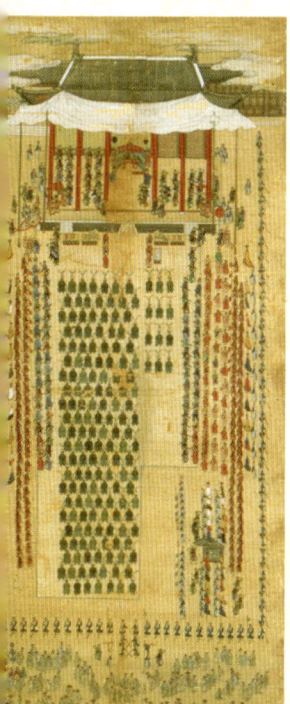

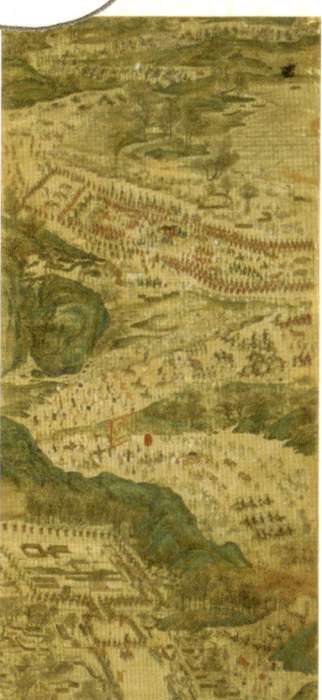

1712년
백두산정계비를 세우다

1720년
붕당 대립이 극에 달한
가운데 숙종 사망하다

1776년
정조 즉위하다

1789년
실학자인 정약용이
관직에 진출하다

1794년
서용보가 고구마의
중요성을 알리는 글을
정조에게 올리다

1801년
순조, 관청에 딸려 있는
노비를 해방하다

1805년
신윤복, 〈처네 쓴 여인〉 그리다

⑨ 세도 정치로 곪아 가는 조선

1800년, 백성들을 위한 정치를 펼쳤던 정조가 갑작스럽게 세상을 떠났어.
그렇게 맞이한 19세기의 조선은 정조 때와는 완전히 다른 모습이었어.
왕은 아무런 힘이 없었고, 왕의 친척 가문들이 수십 년 동안
권력을 마음대로 휘두르며 나라의 질서를 어지럽혔어.
어떤 상황인지 19세기의 혼란스러운 조선 사회를 자세히 들여다보자.

1861년
김정호,
〈대동여지도〉를 만들다

**1862년
진주에서
농민 봉기가 일어나다**

1864년
동학을 창시한 최제우,
처형되다

세도 가문이 권력을 잡다

정조가 죽고 순조가 왕위에 올랐어. 순조가 11살의 어린 나이였기 때문에 증조할머니인 정순 왕후가 대신 정치를 하게 됐어.

정순 왕후는 정조가 길러 낸 인재들을 몰아내고, 정조가 애써 만든 개혁 기구도 모두 없앴어. 영조와 정조가 펼쳤던 개혁 정치는 물거품이 되어 버렸지.

얼마 후, 순조가 나랏일을 직접 돌보게 됐지만 여전히 힘을 발휘할 수 없었어. 이번에는 순조의 장인인 안동 김씨 집안의 김조순이 권력을 잡고 왕을 쥐락펴락했거든. 순조의 뒤를 이은 헌종 때에는 헌종의 외가인 풍양 조씨가 권력을 잡아 나랏일을 마음대로 주물렀어.

안동 김씨와 풍양 조씨 집안처럼 왕과 친척 관계에 있는 몇몇 힘 있는 집안을 '세도 가문'이라 하고, 이들이 권력을 독차지한 정치를 '세도 정치'라고 해. 세도 정치는 왕이 세 번 바뀌고 60여 년의 세월이 지나도록 계속 이어졌어.

순조와 왕비의 합장릉인 인릉. 서울시 강남구에 있어.

　세도 가문은 사위나 외손자가 왕인데 마치 자신들이 왕인 양 행세하며 나라의 질서를 어지럽혔어. 왕은 있으나 마나 한 존재였지.
　"왕인 내가 세도 가문의 권세에 눌려 아무것도 못 하는 허수아비 신세가 되어 버렸네. 안 그랬다가는 언제 어떻게 될지 모를 일이니, 눈치나 보면서 숨죽여 지낼 수밖에 없구나. 어쩌다가 이 지경이 되었을까!"
　세도 가문을 두려워하기는 관리들도 마찬가지였어. 세도 가문의 눈 밖에 날까 봐 비위에 거슬리는 소리는 할 수도 없었지.
　"옳은 소리를 하고 싶어도 세도 가문에 의해 당장 목이 잘릴 테니 어쩔

수가 없다. 영조와 정조 임금의 개혁 정치는 이제 먼 옛날 꿈같은 이야기가 되고 말았어."

세도 가문이 권력을 잡다 보니 정치가 제대로 될 리가 없었지. 세도 가문은 나라의 어려움을 극복하고 백성을 편안하게 만드는 데 사용되어야 할 힘을 오로지 자기 가문의 이익만을 위해서 마음대로 휘둘렀거든.

세도 가문은 중요한 벼슬자리에 줄줄이 자기 가문의 사람들을 앉히고 마음껏 권력을 휘둘렀어. 게다가 돈을 받고 관직을 팔기까지 했어. 세도 가문의 집은 벼슬자리를 부탁하며 뇌물을 바치는 사람들로 늘 북적였지.

"고을 수령 자리를 얻으려고 하는데 어떻게 하면 되겠소?"

"이제는 세도 가문에 줄을 대지 않고 관직에 나간다는 것은 꿈도 못 꿀 일이라네. 줄을 대는 이들이 많으니 다른 이들보다 많이 바쳐야 하지 않겠나?"

세도 정치가 이어지는 동안 온갖 부정부패가 판을 치고 나라 전체가 썩어 가고 있었어.

"우리 백성들은 어떻게 살란 말이냐!"

세도 가문에게 돈을 바치고 관직을 산 사람들은 탐관오리가 됐어. 이들은 수단과 방법을 가리지 않고 백성들에게 많은 세금을 거둬들여 자기 재산을 늘리는 데만 관심이 있었지.

탐관오리
백성들을 돌보는 데는 신경 쓰지 않고 백성들의 재물을 탐내거나 부정을 일삼는 관리를 가리키는 말이야.

"내가 이 관직을 사는 데 들인 돈이 얼만데? 어떻게 해서든 세도 가문에 바친 돈만큼 본전을 뽑아야 해. 백성들을 쥐어짜서라도 돈을 모아 더 높

은 벼슬도 사야 할 테고 말이야."

 탐관오리의 횡포는 상상을 초월했어. 백성들에게 세금을 부풀려 받고, 이중삼중으로 거두었어. 어른만 내는 세금을 갓난아이에게도 물렸고, 죽은 사람도 살아 있는 것처럼 거짓 장부를 꾸며 세금을 거두기까지 했지. 이웃이 세금을 못 내고 도망가면 친척이나 이웃 사람들에게 도망간 사람 몫까지 내라고 강요했어.

 더구나 이 무렵 잦은 가뭄과 홍수에다가 전염병마저 유행해 해마다 수만 명씩 죽어 나가고 백성들의 살림살이는 갈수록 어려워졌어. 그런데도 탐관오리들은 세금 걷는 일을 그만두지 않았지. 백성들의 원성이 하늘을 찔렀어.

 "곡식을 강제로 꾸어 주고 비싼 이자를 얹어 갚으라고 하질 않나, 심지어 빌려 주지도 않은 곡식을 갚으라고 윽박지르기까지 하니 기가 막힐 노릇이야."

 "작년에는 지푸라기와 모래가 섞인 곡식을 빌려 주고 돌려받을 때는 알곡으로만 제대로 다 받아 갔어. 게다가 저울을 속여 적게 빌려 주고 다 받아 가는 일은 예사가 아닌가! 칼만 안 들었을 뿐이지 날강도나 다름없어."

 "이렇게 쥐어짜니 도저히 살 수가 없어! 지옥이 있다면 바로 이런 세상일 거야."

 탐관오리들은 온갖 방법을 동원하여 부정하게 거둔 세금으로 제 주머니를 채웠지. 백성들의 가슴은 분노로 부글부글 끓어올랐어.

홍경래의 난

백성들은 더 이상 참을 수가 없었어. 백성들의 분노가 폭발하기 시작한 곳은 한양에서 북쪽으로 멀리 떨어진 평안도로, 그 중심에는 홍경래가 있었어.

홍경래가 살던 평안도는 탐관오리의 횡포가 심각한 데다 19세기 들어 거듭되는 심한 가뭄으로 굶어 죽는 사람이 헤아릴 수 없이 많았어. 게다가 평안도 사람들은 반역 기질이 있다고 여겨져 높은 벼슬을 한 사람이 없을 정도로 오랫동안 차별을 받아 왔어.

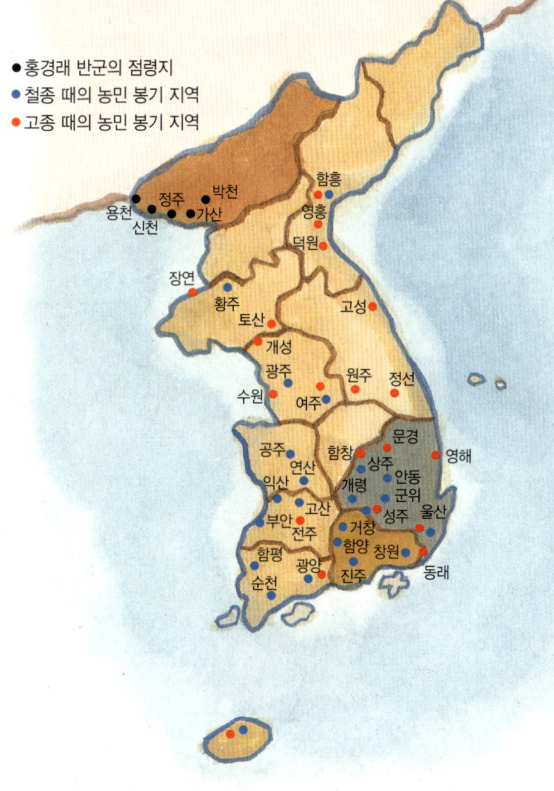

19세기 농민 봉기가 일어난 지역

홍경래는 몰락한 양반의 자손이었어. 몇 차례 과거 시험을 치렀지만 평안도 출신이어서 매번 떨어졌어. 홍경래는 이에 불만을 품고 세상을 바꾸기로 결심하고 뜻을 같이할 동지들을 모았어. 몰락한 양반, 가난한 농민과 상인, 노비 등 여러 신분의 사람들이 홍경래를 따랐어. 이들은 무기를 마련하고 말 타기와 총 쏘기를 익히며 치밀한 준비를 했지.

1811년 12월, 홍경래는 드디어 반란의 깃발을 높이 들었어.

"동지들이여! 평안도는 예로부터 문물이 빛나고 훌륭한 인물이 난 자랑스러운 곳이다. 그런데도 조정에서는 이 땅을 천시하니 억울하고 원통하지 않은가! 임금의 나이가 어려 권세 있는 무리들이 정치를 어지럽히니 백성의 삶이 죽음에 이를 지경이다. 한양으로 진격하여 썩어 빠진 세도

〈순무영진도〉. 홍경래의 난을 진압하기 위해 파견된 순무영군이 정주성에서 홍경래의 농민군과 치열한 공방전을 벌이는 모습을 그린 그림이야.

정치를 몰아내고 차별 없는 평등한 사회를 함께 만들자!"

홍경래의 군대는 열흘 만에 평안도의 여러 지역을 손에 넣었어. 탐관오리의 창고를 열어 굶주린 백성들에게 곡식을 나눠 주어 큰 호응을 얻었지. 백성들이 속속 가담하면서 홍경래의 군대는 수천 명으로 불어났어.

이에 놀란 조정은 서둘러 관군을 파견했어. 치열한 전투가 시작되었지. 처음에는 홍경래 군대가 우세한 듯했어. 하지만 관군이 전열을 가다듬고 반격해 오자 밀려난 홍경래 군대는 정주성으로 들어갔어. 성문을 굳게 닫고 4개월 동안이나 끈질기게 저항하자, 관군은 최후의 방법을 짜냈어.

"안 되겠다. 성 밑으로 땅굴을 파고 화약을 묻은 다음 불을 붙여 성을 폭파하라!"

1812년 4월, 요란한 폭음과 함께 성벽이 무너졌어. 관군은 성 안으로 밀어닥쳐 여자와 어린아이를 제외한 약 2천 명을 모두 죽였어. 홍경래도 죽음을 맞았지. 이로써 차별 없고 탐관오리 없는 새 세상을 향한 꿈도 꺾이고 말았어.

분노의 횃불을 밝힌 백성들

홍경래의 난 이후에도 세도 정치의 부정부패는 끊이지 않았어. 홍경래의 난을 겪은 세도 가문은 사태의 원인을 헤아리고 해결해야 했지만, 안타깝게도 전혀 그렇게 하지 않았지.

임술년인 1862년, 홍경래의 난 이후 약 50년 만에 경상남도 진주에서 농민 봉기가 터졌어. 진주에 있던 경상우병사 백낙신은 악독한 탐관오리였어. 백성들에게 빌려 주려고 준비해 둔 곡식을 관리들이 다 가져다 먹고, 뻔뻔스럽게도 백성들에게 몽땅 물어내게 했어. 그동안 쌓이고 쌓인 백성들의 불만이 마침내 화산처럼 폭발했어.

"탐관오리들이 훔쳐 먹은 곡식을 우리한테 물어내라니 말도 안 돼! 언제까지 이렇게 당하고만 있을 텐가? 탐관오리들에게 본때를 보여 주자."

"옳소! 썩어 빠진 관리들 때문에 도저히 못 살겠소. 세도 정치가 판치는 이 망할 놈의 세상을 확 뒤집어 버립시다!"

백성들은 머리에 흰 수건을 동여매고 손에는 몽둥이를 움켜쥐었어. 성난 농민들은 고을 관청에 쳐들어가 세금 장부를 불태우고 탐관오리들을 옥에 가뒀어.

이 소식은 삽시간에 경상도, 전라도, 충청도를 넘어 전국으로 퍼졌어.

"우리도 이대로 눌려 지낼 수는 없다. 모두 들고일어나서 썩어 빠진 탐

관오리를 몰아내자."

사태가 심각해지자 나라에서는 못된 관리들을 파면하고, 암행어사를 보내 관리들의 잘못도 조사했어. 하지만 모두 시늉에 그쳤을 뿐, 백성들이 바라는 근본적인 처방은 없었어. 얼마 뒤 봉기가 가라앉자, 도리어 봉기에 참여한 농민들을 잡아들여 엄하게 처벌했어.

세도 정치 때문에 빚어진 사회적 혼란을 근본적으로 뜯어고치지 못한 채, 조선은 안으로 곪을 대로 곪아 가고 있었지.

먹고살기 힘든 조선과 아일랜드

19세기에 들어 조선에서 잦은 가뭄과 홍수뿐 아니라 전염병이 크게 유행하여 백성들이 굶주릴 때 아일랜드에서는 대기근이 일어났어. 대기근이란 많은 사람들이 집단으로 굶주린 것을 말하는데, 아일랜드 대기근은 감자 마름병으로 알려진 감자 전염병 때문에 발생했어.

당시 감자는 아일랜드 사람들의 주식이었어. 1845년에 시작된 감자 전염병이 7년 동안 되풀이되면서 감자 흉작에 따른 식량 부족으로 아일랜드 사람들은 심각한 기근을 겪어야 했어. 아일랜드는 기근을 해결하기 위해 해외로부터 옥수수를 수입했지만, 식량 부족을 해결하기에는 턱없이 부족했어. 상황이 이렇게 심각한데도 당시 아일랜드를 지배하고 있던 영국은 아일랜드에 식량을 지원하기는커녕 아일랜드에서 생산되는 밀과 옥수수 등의 식량을 수확하는 대로 모두 영국으로 가져가 버렸어. 그래서 아일랜드에는 먹을 것이라곤 없었지.

이 끔찍한 대기근으로 당시 800만 명 정도였던 아일랜드 인구 가운데 약 100만 명이 굶어 죽었고, 100만 명이 넘는 사람들이 기근을 피해 정든 고향을 등지고 외국으로 이민을 떠나야 했어.

인물 인터뷰

"암행어사 출또야!"

암행어사는 조선 시대에 임금의 명을 받아 몰래 지방 곳곳을 다니며 부정부패한 관리들을 벌주고 백성의 어려움을 보살피는 일을 했습니다. 암행어사 한 분을 만나 인터뷰를 해 보겠습니다.

기자 어떤 인물이 암행어사가 되나요?

암행어사 젊고 패기가 있는 인물 중에서 왕이 직접 암행어사를 뽑지요. 나처럼 때 묻지 않고 왕이 믿을 수 있는 인물이 아니면 안 돼요. 왕은 암행어사의 임명과 임무를 철저히 비밀에 부쳤어요.

기자 암행어사로 뽑히면 왕으로부터 비밀

봉투를 받는다면서요?

암행어사 그렇습니다. 그 봉투는 한양을 벗어난 후 열어 봐야 해요. 봉투 겉면에 '동대문 밖에 나가 열어 볼 것' 또는 '남대문 밖에 나가 열어 볼 것'이라고 쓰여 있거든요. 이 봉투를 열어 봐야 암행어사는 자신이 어디로 가서 무슨 일을 하는지 알 수 있어요.

기자 암행어사는 절대 신분을 드러내면 안 된다면서요?

암행어사 암행어사가 되면 아무에게도 알리지 않은 채 바로 떠나야 해요. 암행어사로 임명되면 마패를 받아요. 마패의 앞면에는 말 그림이 새겨져 있는데, 그 숫자만큼 역에서 말을 빌려 탈 수 있지요.

기자 암행어사는 목적지에 도착하면 어떤 일을 하나요?

암행어사 정체를 숨긴 채 몰래 백성들의 생활을 살피고 백성을 괴롭히는 관리가 없는지 조사하지요. 만일 관리의 부정부패가 발견되면, 관청 문을 열고 들어가 "암행어사 출또야!" 하고 크게 외치며 신분을 밝힌답니다. 그럼 지방의 관리들은 목이 달아날까 봐 납작 엎드려 벌벌 떨며 용서를 빌었지요.

기자 백성들은 못된 사또가 벌을 받았으니

마패는 말을 빌릴 수 있는 표시일 뿐 아니라 암행어사의 신분증 역할도 했어.

참 통쾌하겠네요.

암행어사 그렇죠. 하지만 암행어사가 임무를 다하기란 쉬운 일이 아니에요. 말을 타거나 걸어서 목적지까지 가는 데만 한두 달에서 많게는 여러 달이 걸리고, 가는 길에 산짐승이나 산적들에게 봉변을 당하거나 목숨을 잃기도 하고, 얼어 죽거나 굶어 죽는 경우도 있어요.

기자 "암행어사 출또야!"를 외쳐도 문을 걸어 잠그는 관리도 있다면서요?

암행어사 네. 게다가 암행어사가 관리들의 비리를 밝힐 즈음에 쥐도 새도 모르게 암살당하는 경우도 있어요. 암행어사의 힘만으로는 지방 곳곳에서 벌어지는 탐관오리의 횡포를 다 막아낼 순 없어요. 아, 이제 그만 탐관오리를 잡으러 가 봐야겠어요.

1712년
백두산정계비를 세우다

1720년
붕당 대립이 극에 달한
가운데 숙종 사망하다

1776년
정조 즉위하다

1789년
실학자인 정약용이
관직에 진출하다

1794년
서용보가 고구마의
중요성을 알리는 글을
정조에게 올리다

1801년
순조, 관청에 딸려 있는
노비를 해방하다

1805년
신윤복, 〈처네 쓴 여인〉 그리다

⑩ 새 세상을 꿈꾼 서학과 동학

탐관오리의 횡포에 시달리던 백성들은 뭔가에 대한 믿음에서 한 가닥 위안을 찾으려 했어. 그런데 불교나 유교는 백성들의 아픈 현실을 헤아리지 못했지. 그 틈을 타 새로운 세상이 오기를 바라는 온갖 예언 사상이 기승을 부렸고, 새롭게 나타난 천주교와 동학이 백성들의 아픈 마음을 어루만져 주었어. 조선 후기에 나타난 여러 사상과 종교에 대해 알아볼까?

1861년
김정호,
〈대동여지도〉를 만들다

1862년
진주에서
농민 봉기가 일어나다

1864년
동학을 창시한 최제우가
처형되다

민간 신앙과 예언 사상의 유행

　세상이 어수선하고 삶이 힘들 때 사람들은 무언가에 기대고 싶어 하지. 조선 후기에 민간 신앙이 크게 유행한 까닭이기도 했어. 사람들은 자신이 처한 어려움을 해결하려고 무당의 굿에 의지하기도 하고, 좋은 세상이 오기를 바라며 마을 뒷산의 큰 나무나 바위에 정성껏 빌기도 했지.
　미륵 신앙도 크게 유행했어. 미륵 신앙이란 미래 세상을 다스릴 미륵 부처가 하늘에서 내려와 힘든 백성을 구제한다는 믿음이야.
　"아! 우리를 구제할 미륵 부처가 어서 빨리 왔으면……. 이 지긋지긋한 고통도 끝날 수 있게 말이야."
　삶이 힘들수록 미륵 부처에게 의지하는 백성들의 마음은 더욱 간절해졌지. 그리고 사람들 사이에서 예언 사상도 활개를 쳤어.
　이 무렵《정감록》이라는 예언서가 유행했어.《정감록》은 이심이라는 사람과 정감이라는 사람이 금강산에서 마주 앉아 대화를 나누는 형식으로 엮여 있어. 두 사람의 이야기 속에는 조선 왕조가 멸망하고 새로운 세상이 올 것이라는 예언이 담겨 있어.

"이씨가 세운 조선은 500년 만에 망할 것이며, 정씨가 계룡산에 도읍을 정하고 새로운 나라를 세울 것이다. 말세가 닥쳤으니 열 군데의 피난처로 숨으면 목숨을 지킬 수 있을 것이다."

사람들은 《정감록》의 예언을 믿고 싶어 했어. 그만큼 백성들의 삶이 고달팠다는 뜻이지.

"《정감록》이 임진왜란과 병자호란도 정확히 예언했대. 조선이 곧 망하고 새로운 나라가 들어설 것이라는 예언도 틀림없이 맞을 거야."

"그래? 그때가 언제야? 이 몹쓸 세상이 망하고 살기 좋은 세상이 빨리 오면 좋겠어."

하지만 당시 조선의 지배층은 《정감록》을 아주 위험하게 여겼어. 조선

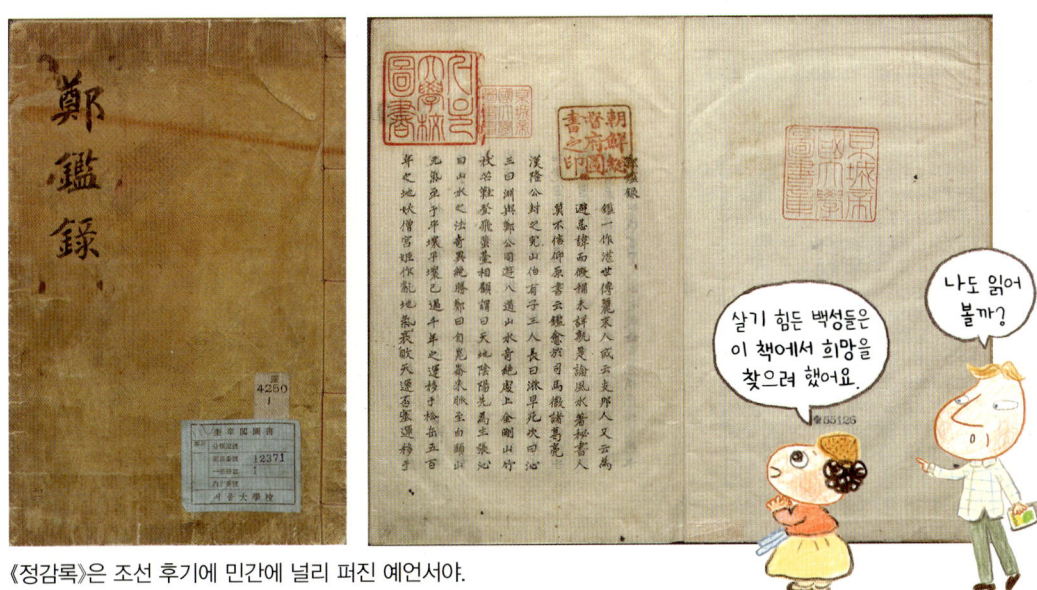

《정감록》은 조선 후기에 민간에 널리 퍼진 예언서야.

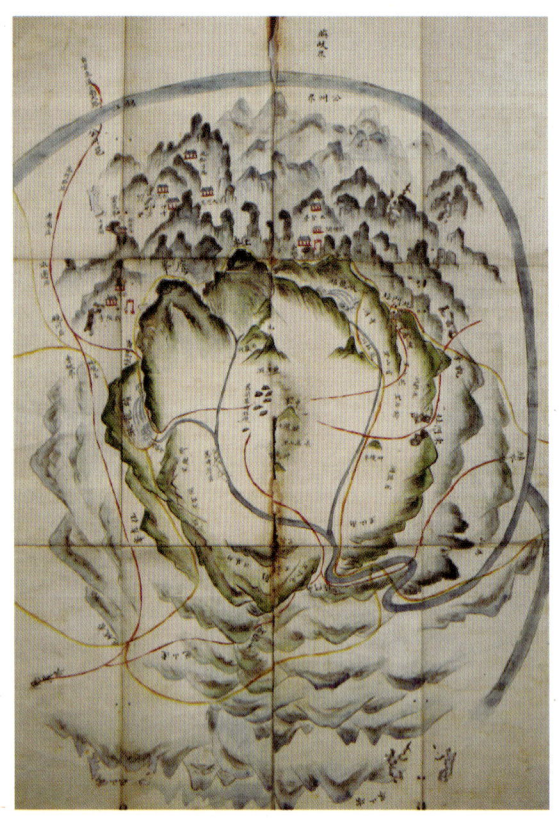
《정감록》에서 명당으로 꼽은 계룡산 신도안의 지형을 보여 주는 지도

왕조를 부정하는 내용 때문이었지. 그래서 《정감록》을 발견하면 즉시 불태워 버렸고, 사람들이 읽지 못하게 금서로 정했어. 그래도 사람들은 몰래 《정감록》을 돌려 보며 새로운 세상을 꿈꾸었지.

서학의 전래

차별과 고통에 시달리며 힘들게 살아가던 사람들은 천주교에서 위안을 얻기도 했어. 천주교가 우리나라에 처음 소개된 것은 17세기 초 중국에 다녀온 사신들이 서양의 과학 기술 서적과 함께 《천주실의》등 천주교 관련 서적을 들여오면서부터였어. 이때 소개된 천주교는 서양 학문의 하나로 받아들였기 때문에 '서학'이라 불렸어. 18세기에 차츰 천주교를 종교로 믿는 사람들이 생겨나면서 서학이 천주교를 뜻하는 말로 굳어지게 되었단다.

이승훈은 서학을 종교로 받아들인 사람 중 하나였어. 그는 사신인 아버지를 따라 청나라에 갔다가 서양인 신부로부터 세례를 받고 우리나라 최

초의 천주교 신자가 되었어.

조선으로 돌아온 이승훈은 이벽, 이가환, 정약전 등에게 세례를 베풀고, 정기적으로 천주교 모임을 갖기 시작했어.

"명례방(지금의 서울 명동)에 있는 김범우의 집에서 정기적으로 예배를 드리고 교리 공부도 함께 합시다."

이렇게 해서 우리나라 최초의 천주교 교회가 탄생했어. 중국이나 일본처럼 외국인 선교사가 세운 게 아니라, 성직자도 없이 조선 사람들이 스스로 교회를 만든 거야.

그러던 어느 날, 형조 관리들이 김범우의 집 앞을 지나다가 수상쩍은 사람들이 모여 있는 걸 보고 들이닥쳤어. 듣도 보도 못한 성경과 십자가상을 보고 놀란 관리들이 즉시 이들을 모두 붙잡아 갔지.

이때 붙잡힌 사람들 중에 양반 신분인 다른 이들은 곧 풀려났지만, 역관으로 중인 신분에다 집주인이었던 김범우는 심한 고문으로 병을 얻어 귀양살이를 하다 죽고 말았어. 김범우는 우리나라 최초의 천주교 순교자가 되었고, 훗날 그가 살던 명례방 집터 근처에는 명동 성당이 세워졌어.

천주교가 강조하는 평등 사상과 천국에 관한 교리는 사람들의 마음을 사로잡았어.

"신분이 높든 낮든, 부자이든 가난한 사람이든, 남성이든 여성이든 누구나 하느님 앞에선 평등하다. 착하게 살면 누구나 천국에 갈 수 있다."

천주교는 권력에서 밀려난 양반들, 출셋길이 막혀 있는 중인들뿐 아니라 세금에 허덕이는 백성들, 남성 중심의 사회 질서에 복종을 강요당했던 여성들에게 특히 큰 호응을 얻었어.

천주교 탄압

　천주교를 믿는 사람들의 수가 빠르게 늘어나자 양반 지배층 사이에 천주교를 비판하는 목소리도 커졌어. 조상을 모시는 제사를 금지하고, 양반과 평민, 노비를 구별하지 않는 천주교 교리를 조선의 지배 질서에 대한 도전으로 본 거야.

　그러던 중 1791년 조선 사회를 발칵 뒤집어 놓은 충격적인 사건이 일어났어. 천주교를 믿은 전라도 진산의 양반 윤지충이 어머니가 세상을 떠나자 고종사촌인 권상연과 함께 유교식 제사를 지내지 않고 천주교식으로 장례를 치른 거야. 조상에 대한 효를 으뜸으로 여기는 양반 지배층은 엄

서울시 마포구 합정동 한강변에 있는 절두산 천주교 순교 성지야. 조선 후기에 약 1만 명이나 되는 천주교 신자들이 이곳에서 처형되었어.

이곳에서 처형된 순교자들을 위해 세운 박물관이야.

청난 충격을 받았지. 그래서 윤지충과 권상연을 엄하게 처벌하고 천주교를 금지할 것을 왕에게 강력하게 청했어.

"제사를 거부하고 조상을 섬기지 않는 건 인륜에 어긋나는 일이옵니다. 오랑캐나 짐승만도 못한 짓으로 나라의 질서를 어지럽히고 백성들을 나쁜 길로 이끄는 자들은 법도에 따라 중죄로 엄히 다스려야 하옵니다."

당시 임금인 정조는 윤지충과 권상연을 그대로 둘 수는 없었어.

"조상에 대한 제사를 지내지 않는 것은 있을 수 없는 일이다. 이들을 엄히 다스려 참수형에 처하고 궁궐에 있는 서학 책들도 모조리 불태우도록 하라!"

그래도 정조는 천주교에 대해 심하게 탄압하지는 않았어. 조정의 신하들이 다른 천주교 신자들도 모조리 잡아다가 엄하게 처벌할 것을 청했지만, 이 두 사람만 처벌하는 데 그쳤어.

하지만 정조가 죽은 뒤 순조가 즉위하면서 천주교 박해가 대대적으로 시작되었어. 1801년 어린 왕 순조를 대신해 나랏일을 보던 정순 왕후는 천주교를 강경하게 탄압했어.

"서학은 아비도 없고 임금도 없으며 인륜을 무너뜨리는 사악한 종교다. 서학의 무리들을 모조리 잡아들이고, 앞으로 서학을 멀리하겠다고 마음을 바꾸지 않는 자는 역적으로 다스려 서학을 뿌리 뽑도록 하라!"

이때 천주교 신자 100여 명이 처형되고 약 400명이 유배되었어. 청나라에서 온 주문모 신부와 최초의 천주교 신자인 이승훈도 이때 처형됐어.

이후에도 천주교에 대한 탄압은 여러 번 이어졌어. 수많은 신자들이 목숨을 잃었지. 그런데도 천주교 신자는 꾸준히 늘어 갔어.

서학에 맞선 동학의 탄생

천주교가 탄압 속에서도 꾸준히 세력을 키워 나갈 무렵, 조선에 새로운 종교가 생겨났어. 바로 최제우가 창시한 동학이야. 동학이라는 이름에는 서양에 맞서 우리 것을 지키자는 의미가 담겨 있어.

최제우는 경주의 몰락한 양반 집안에서 태어났어. 아버지가 죽고 집안 형편이 어려워지자 스물한 살 때부터 10년 동안 전국을 떠돌아다니며 장사도 해 보고 서당에서 글을 가르치기도 했어. 그런 가운데 탐관오리 때문에 백성들의 삶이 무너지는 것을 보았고, 서학이 빠르게 퍼져 가는 것도 걱정스럽게 지켜보았지.

"서학 뒤에는 위험한 서양 세력이 도사리고 있다. 서학이 퍼지는 것을 내버려 두면 조선은 결국 서양의 손아귀에 들어가게 될 것이다."

최제우는 어지럽고 혼란한 세상을 구할 방법을 찾기 위해 수행에 들어갔어.

"도를 깨닫지 못하면 세상에 다시 나가지 않겠다."

최제우는 굳게 결심하고 오랫동안 도를 닦은 끝에, 1860년 드디어 도를 깨치고 동학을 창시했어.

"사람은 평등하며 차별이 없나니 사람이

경주에 세워진 최제우 동상이야.

최제우가 지은 동학의 경전인
《동경대전》

동학 사상을 널리 알리기
위해 펴낸 《동학가사》

곧 하늘이다. 사람 섬기기를 하늘 섬기듯 하라."

최제우는 모든 사람이 하늘이므로 모두가 똑같이 평등하고 귀한 존재라고 주장했어. 이것이 바로 동학에서 가장 중심이 되는 '인내천 사상'이야.

동학은 백성들의 마음을 단숨에 파고들었어. 동학은 농민층을 중심으로 경상도를 넘어 전라도와 충청도로 빠르게 퍼져 나가 어느새 커다란 종교 조직으로 성장했어.

당시의 지배층은 동학이 빠르게 퍼져 나가는 것에 큰 위기감을 느꼈어. 양반 중심의 신분 제도뿐 아니라 조선 왕조를 부정하는 아주 위험한 종교라고 여겼지.

"최제우가 사악한 교리로 백성들을 속이고 세상을 어지럽히고 있다. 양반과 상놈이 평등하다는 것은 조선의 신분 질서를 뒤흔드는 것이다. 최제우를 당장 잡아들여라!"

1864년 나라에서는 최제우를 처형하고 동학을 금지했어. 하지만 이와 같은 심한 탄압 속에서도 최제우의 뒤를 이은 최시형은 동학의 교리와 조직을 정비하여 동학 세력을 크게 성장시켰어. 그의 노력 덕분에 30년 뒤인 1894년에는 대규모의 농민 운동을 일으킬 정도로 큰 힘을 발휘할 수 있었단다.

세계 여러 나라의 금서들

금서란 사람들이 읽지 못하도록 출판이나 판매가 금지된 책을 말해. 《정감록》은 우리 역사에서 가장 널리 알려진 금서 중의 하나야. 우리나라뿐 아니라 세계 여러 나라에서 금서로 낙인찍혀 불태워지고 파괴된 책은 셀 수 없을 정도로 많아. 또 금서로 정해진 이유도 참 다양해.

정치적인 이유로 많은 책들이 금서가 되었어. 권력자들은 자신들의 통치를 반대하는 책을 금서로 정했지. 중국의 진시황은 자신의 통치 체제를 반대하는 유학 서적을 불사르게 했어.

종교적 이유로 금서가 된 책도 많아. 중세 유럽의 교회는 가톨릭 교리에 어긋남이 없는지 확인하고 나서야 책의 출판을 허가했어. 지동설을 주장한 갈릴레이의 과학책도 금서가 됐어. 지동설이 지구가 우주의 중심이라는 교회의 가르침을 부정하고 신의 권위에 도전한다는 게 이유였어.

사회의 풍속에 나쁜 영향을 끼친다는 이유로 금서가 된 책들도 많아. 독일 작가 괴테의 소설 《젊은 베르테르의 슬픔》도 한때 금서였어. 이 책이 사람들에게 좋지 않은 영향을 끼친다는 게 그 이유였어. 이 소설의 주인공 베르테르는 이루어질 수 없는 사랑을 비관하며 자살했는데, 소설이 인기를 끌면서 젊은이들 사이에서 베르테르의 죽음을 모방한 자살이 유행처럼 번졌기 때문이야.

책을 탄압하고 금지하는 것은 사람들의 생각을 통제하려는 것이기도 해. 그런 시도는 결국 성공하지 못했어. 수많은 이유로 책의 숨을 끊으려는 시도가 이어졌지만, 책은 끝내 살아남았다는 것을 오랜 역사가 말해 주고 있지. 《젊은 베르테르의 슬픔》이 지금까지도 전 세계에서 출판되어 수많은 독자들의 사랑을 받고 있는 것처럼 말이야.

답사 여행

천주교와 동학의 유적지

천주교와 동학은 조선 후기의 어지러운 백성들의 마음에 위안과 희망을 주었어. 당시 사람들의 마음에 평화의 씨앗을 내려 주던 두 종교의 초기 유적지들을 찾아가 볼까?

서울 중림동 약현 성당은 1892년에 세워진 우리나라 최초의 서양식 벽돌 건물이야.

김범우의 집에서 이승훈과 정약전 삼형제, 권일신 형제 등이 모여 종교 집회를 가짐으로써 조선천주교회가 창설되었어. 1898년 바로 이곳에 서울 명동 성당이 세워졌어.

전라북도 익산 나바위 성당은 전라도 지방에서 가장 오래된 성당으로 1906년에 세워졌어. 한식과 서양식이 절충된 독특한 건물이야.

경상북도 경주에 있는 용담정은 동학의 창시자 최제우가 태어나고 깨달음을 얻은 곳이야.

서울에 있는 천도교 중앙대교당이야. 천도교는 동학의 바뀐 이름이란다.

1914년에 세워진 전주 전동 성당은 우리나라에서 가장 아름다운 성당으로 알려져 있어.

울산 여시바윗골은 최제우가 초가를 짓고 도를 닦다가 신비한 종교 체험을 했다고 전해지는 곳이야.

찾아보기

ㄱ

간도 16~19
개성상인 74
거중기 44, 45, 61
경강상인 75
공명첩 80, 81, 83
권상연 143, 144
규장각 43, 44
김만덕 76~77
김범우 142
김육 34~35
김정호 113~116
김홍도 99, 105, 106

ㄴ

남인 27~32, 42
노론 41, 42

ㄷ

대동법 34~35
대동여지도 113~116
독도 10~15, 20~21
동래상인 74
동학 145~147, 149

ㅁ

마패 135

명례방 142
모내기 66~68
《목민심서》 56~57
민화 98~99

ㅂ

박제가 59, 60, 87
박지원 57, 58, 59
《발해고》 111
백두산정계비 16, 17
보부상 73
붕당 24~27, 30~33, 38, 40~43

ㅅ

사도 세자 40~42, 44
《산경표》 110
상평통보 72, 73
서당 96, 97
서얼 42, 85, 86, 87
서인 25~32, 42
서학 140, 144
세도 정치 124~126, 131, 133
《세종실록지리지》 11
소론 41, 42
숙종 31, 32
순조 91, 124, 144
신경준 110

신윤복 99, 105, 107
《신증동국여지승람》 11, 12
실학 52, 54

ㅇ

안용복 12~16
암행어사 133, 134, 135
《언문지》 110
영조 38~41, 86, 90
5일장 70, 71
《원행을묘정리의궤》 120~121
유득공 111, 112
유형원 52, 53, 54
유희 110
윤지충 143, 144
의주상인 74
이덕무 87
이승훈 140, 142, 144
이익 52, 53, 54
이중하 17~18
인내천 사상 146

ㅈ

《자산어보》 111
장용영 44
《정감록》 138, 139, 140
정선 117, 118

정순 왕후 124, 144
정약용 44, 45, 52, 54, 56, 62, 63
정약전 110, 142
정조 42~44, 47~49, 86, 87, 90, 144
중인 86~88
진경산수화 116~117
진주 농민 봉기 131

ㅊ

천주교 140~144, 148
최제우 145, 146, 147

ㅌ

탈춤 72, 103, 104
탕평책 38, 42
토문강 17, 18

ㅍ

판소리 102
풍속화 98~99, 105

ㅎ

홍경래 129~131
《홍길동전》 86, 100
홍대용 112
화성 44~47
《화성성역의궤》 120~121

사진 자료를 제공한 기관

규장각 한국학연구원 11쪽 《세종실록지리지》, 《신증동국여지승람》 | 28쪽 효종 국장도감도청의궤 | 32쪽 《사씨남정기》
55쪽 《반계수록》, 《목민심서》 | 57쪽 《열하일기》 표지 | 111쪽 《자산어보》 | 139쪽 《정감록》 | 146쪽 《동경대전》
국립중앙박물관 16쪽 백두산정계비 탁본 | 30쪽 송시열 초상화 | 58쪽 〈태평성시도〉 | 67쪽 〈누숙경직도〉
| 72쪽 상평통보 | 74쪽 개성상인의 거래 장부 | 81쪽 공명첩 | 84쪽 경상도 영천에서 작성한 왕실 족보
| 85쪽 《홍길동전》 | 87쪽 〈수갑계회도〉 | 90쪽 노비 매매 문서 | 97쪽 김홍도의 〈서당〉 | 98쪽 〈까치 호랑이〉
| 106쪽 김홍도의 〈자리짜기〉, 〈벼 타작〉, 〈나들이〉, 〈씨름〉 | 107쪽 신윤복의 〈연못가의 여인〉, 〈처네 쓴 여인〉,
〈저잣길〉, 〈전모를 쓴 여인〉 | 120~121쪽 〈화성능행도〉, 《화성성역의궤》 | 135쪽 마패
부산 수영구 13쪽 안용복 동상
동국대학교 박물관 49쪽 정조대왕필파초도
국립중앙도서관 55쪽 《성호사설》 | 111쪽 《발해고》
한국학중앙연구원 57쪽 《열하일기》 내지 | 60쪽 《북학의》
과천시 추사박물관 60쪽 중국 화가 나빙이 그린 박제가 초상
간송미술관 73쪽 권용정의 〈보부상〉
서울대학교 박물관 102쪽 〈평양도〉 중 모흥갑의 판소리 장면
국사편찬위원회 130쪽 〈순무영진도〉
계룡시청 140쪽 계룡산 신도안 지도
국립민속박물관 146쪽 《동학가사》

 공공누리에 따라 국립중앙박물관과 문화재청의 공공저작물 이용

사진 진행—북앤포토

사진 자료를 제공한 곳

북앤포토, 연합포토, 유로크레온, 위키피디아

*이 책에 실린 모든 자료의 출처를 찾기 위해 최선을 다했습니다.
 허가를 받지 못한 일부 사진에 대해서는 저작권자가 확인되는 대로 게재 허락을 받고 사용료를 지불하겠습니다.